フォーカシングは みんなのもの

コミュニティが元気になる
31の方法

村山正治 監修
日笠摩子・堀尾直美・小坂淑子・高瀬健一 編著

創元社

刊行に寄せて

村山正治

　日本人間性心理学会第32回大会（2013年）のテーマは"コミュニティを元気にする！"であり、その中核となるツールは、フォーカシングである。

　日本には、1978年に私がジェンドリン夫妻を招待し、九州大学における日本心理学会で基調講演を催したり、福岡を起点にして日本各地でフォーカシング・ワークショップをおこなったりした。そのころ日本では、パーソンセンタード・アプローチを中心に発展してきていたため、さらなる深化と展開を求めていた当時の状況にフィットし、フォーカシングはたちまち日本全土に燎原の火のごとく拡がっていった。そして、日本フォーカシング協会が発足して発展の要となり、日本における人材の養成とフォーカシング研究所との国際交流を促進する大きな役割を果たしている。

❖今なぜフォーカシングか？　コミュニティか？

　現代は「"私"の時代」である。一人ひとりが「自己実現」「その人らしく、自分らしく」という生き方が可能な方向に、世界が大きく動いている。

　日本の社会も戦後民主主義の潮流の中で「社会軸」中心から「自分軸」中心に、「世間」中心から「個人」中心に動いてきている。「社会軸」中心に動くのは、「モデル」や規範があるから楽ではある。「自分軸」中心に動くのは、基準となるもの、なにを頼りに生きるかという基準がない。そこで漂流がおこる。

　しかし、ジェンドリンさんの"フェルトセンス"は、「"私"の時代」を生きる人びとに、自分軸と社会軸の両方を感じとりながら、からだという自分のトータルが何を求めているのかを、実感できる素晴しいツールを提供している。ジェンドリンさん達は、1970年代に"チェンジズ"という新しい援助的なコミュニティの形態を創り出して、フォーカシングとコミュニティをつなぐ新しいモデルを提示した。本書で述べられている、オミディアンさんのアフガニスタンの国際支援のモデルや、エクアドルのエルナンデスさんの"フォーカシング・ポーズ"の試みも、自分軸と社会軸のバランスをとって、暴力や武力でなく「自分らしい生き方」につないでいく力を育てる支援である。このアプローチは、東日本大震災にも役立つ可能性を秘めているものと思う。

❖この本のタイムリーな発刊

　『フォーカシングはみんなのもの』は、日本におけるフォーカシングの展開をコミ

ュニティにつなげるのに役立つ。編者代表の日笠摩子さんは東京にフォーカシング指向心理療法コミュニティを仲間とともに創設して、世界と日本をつなぐ活躍をしている。

本書を読めばわかるように、「PCAGIPとフォーカシング」はじめ、「コラージュとフォーカシング」など、既存のさまざまなアプローチをフォーカシングとつないでいる。フォーカシング指向心理療法の特徴は、体験過程療法を軸に、諸流派の統合ないし"つなぎ"を果たすことである。その具体化の試みが本書の特徴であると思う。

♣誰でもフォーカシングに親しめる

フォーカシングは、資格化などを含めてだんだん高度に発展し、専門化が進むとともに、草の根的なコミュニティから離れていく傾向がないとはいえない。そこに本書は一石を投じ、誰でもフォーカシングに親しめる機会をつくる画期的な企画となっている。これまでの『マンガで学ぶフォーカシング入門』（誠信書房, 2005）や『子どもたちとフォーカシング』（コスモスライブラリー, 2010）につながる画期的なものである。フォーカシング発展の新しいステージを拓く貴重なリソースブックである。

本書は、幼稚園から大学院までの児童・生徒・学生・院生教育の要のひとつとして意味を持つだろう。子育て支援など、母親や保護者の子どもの育て方に大きな影響を与えるであろう。ポジティブ心理学と関連しながら、産業領域のメンタルヘルスにも応用できる。その応用範囲は無限といってよいほどである。索引を読むとそのことがよく理解できると思う。

ここで提供されているさまざまな方法は、基本的には、グループ学習が中心である。グループ学習の大切なことは、フォーカシングの学習を通じて「フォーカシングラーニング・コミュニティ」や「フォーカシングネットワーク」が形成されることである。これは"チェンジズ・モデル"と共通要因があると同時に、新しい支援形態のコミュニティが各地に生まれてくることにつながるだろう。

関心を持った人が実践してみて、自分で新しい方法を創り出せることも魅力である。

この本を通じてフォーカシングに親しんだ人びとが、さらに深めていきたいと思えば、それこそ、日本フォーカシング協会が確立されているので、情報やネットを活用できる。1970年代のフォーカシングの導入期と異なり、その比ではなく充実したシステムが出来ている。

さまざまなレベルが存在していることが大切である。サッカーや野球の発展をみてわかるように、草の根の活動の拡がりから広く深く浸透するものである。本書は、その草の根を培う大きな資源となり得るであろう。

はじめに

　フォーカシングは心理療法のエッセンスに関する研究から生まれた、深い自助的実践として日本では30年以上の歴史があります。しかし、近年、そのごく一部のみを用いることで、コミュニティの必要に応えて、人々の健康に貢献できることに気づいて実践する、フォーカシング関係者が増えてきました。多くの人が現場や地域で小さな楽しいワークを工夫し実践しておられます。そのような工夫は、いろいろな学会やワークショップで紹介されていますが、それらを集積した書籍はありません。他の人たちや他の場にも役立つ可能性のある、たくさんの優れた楽しい工夫が、埋もれたままになっているかもしれません。それぞれの場で生み出されたフォーカシング的なワークの工夫が集まったリソース本があれば、他の人は楽にそこから学び、さらにそれを発展させることができるのではないでしょうか。
　この本は、そのようなリソースの共有を目指して企画されました。
　2013年9月に大正大学で開催される日本人間性心理学会第32回大会は「コミュニティを元気にする！」をテーマに開催されます。その一部である「体験の広場〜フェルトセンスで遊ぼう〜」では、フォーカシング実践者が、さまざまな領域で活用している小さなワークを体験できる場を数多く設けました。しかし、その場で参加して体験できるワークはひとつだけです。また、日程の都合や、海外での工夫など、その場で紹介できないものも数多くあります。
　そこでこの本は、フェルトセンスを大切にすることを促すワークをコンパクトに、できるだけたくさん紹介します。相互に学ぶきっかけとしていただきたいと思います。道具箱をがしゃがしゃと探してぴったりの道具を見つけ出すように、あるいはレセピー本をぱらぱらとめくって、今食べたい料理を見つけて作りだすように、フォーカシングをいろいろな領域に適用するための工夫がほしいとき、この本をぱらぱらとめくって役立つヒントを探し出してもらいたいと思います。

♣ フェルトセンス・リテラシー

　「フォーカシング」は、ユージン・ジェンドリン（1926〜）が発見した自己発見と自己探索の方法です。問題状況について、まだことばにならないが何か感じられている意味＝フェルトセンスを参照しながら、生活に前向きな変化を生み出すための自助的な方法です。そもそもは、心理療法を受けて変化する人々が自然に行っているプロセスでした。そのプロセスを心理療法を受ける人たちばかりでなく、一般の人たちが

自助的相互扶助的に使えるよう、技法としてのフォーカシングは、ワークショップや書籍で教えられ、継続的フォーカシング実践グループとして広まってきました。

とはいえ、フォーカシングは、問題や気がかりの解決を指向する内省的プロセスであり、一対一でのやりとりというセラピーのモデルが基本になっています。しかし、自分の気持ちを探って、そこから発言したり、選択したり、決断したりする機会は、日常の中にたくさん転がっています。しっかりと時間をとって誰かに聴いてもらいながらセラピー的な自己内省を行う以外にも、日常生活の中で、少しフォーカシング的な自分の内側への問いかけとそこからの知恵を参照することが必要な機会はたくさんあります。

生活の中で短時間で自分の感覚に触れてから行動・発言するような作業については、今までもフォーカシング実践者の間では、ミニ・フォーカシング、Focusing on the fly（瞬間瞬間のフォーカシング）、フェルトセンシング等と言及されてきました。この日常生活の中で、あるいはさまざまな他の活動の中で、自分のフェルトセンスを参照することの重要性を近年さまざまな人が主張しています。本書に収録したジェンドリンのビジョン・ステートメントもその一つです。フォーカシング研究所が支援している「フェルトセンス・リテラシー」と「コミュニティ・ウェルネス・フォーカシング」の運動も、日常やコミュニティの中でフェルトセンスを感じることを促す運動です。

「フェルトセンス・リテラシー」は、メアリー・ヘンドリックスがここ数年取り組んでいるプロジェクトです。2003年ドイツで行われた国際会議で彼女は革命的なポーズrevolutionary pauseと題する基調講演を行いました。（http://www.focusing.org/social_issues/hendricks_peace.html）それはさまざまな決断を迫られるとき、あるいは何かの誘いを受けたときに、言われるままになるのではなく、ポーズ（ちょっと一息の間）をとって、その状況についての自分の感覚を確かめようという提案でした。何かの問題について、後からあるいは別の場で、ゆっくりとステップを追ってフォーカシングをするまでもなく、その現実の状況の中で一息ついて状況を感じて、暗黙に自分がその状況について感じている意味を感じとり、それに基づいて表現し行動することで、外からの強制や決められたパターンから開放され、その状況に応じたより自分らしい行動ができるのではないでしょうか。

生活の中で、ちょっとポーズをとることによって、フェルトセンスを感じとり（フェルトセンシングをして）そこから表現することを、ヘンドリックスは、フェルトセンス・リテラシー（フェルトセンスの読み書き能力）と称しています。せわしなく流れる日常生活の中で、ちょっと一息立ち止まって自分の感覚を確かめるだけで、自分らしいあり方を取り戻すことができます。そして、日常のやりとりの中で、「ちょっと待って、それでいいかどうか確かめさせて」と立ち止まることは、他の人にとっても、そのような丁寧な自分の感覚を確かめる作業のモデルになります。フェルトセンス・リテラシーは、文字の読み書き能力と同じように、学びうるものであり、日常生

活に活かしうるものです。そして、フェルトセンス・リテラシーを育てる運動を世界的に広めようとメアリー・ヘンドリックスは提唱しています。

その一例が、エクアドルの地域援助組織の主宰者であるウィリアム・エルナンデスの、ポーズを教える取り組みです。彼の教え方を世界の人たちに紹介するというプロジェクトの一環として、私たち（堀尾と日笠）はウィリアムが地域コミュニティにポーズを教えるやり方を、2012年10月、11月にスカイプで彼から直々に学びました。そこで教えてもらったことに謝礼を申し出たところ、彼は、それを日本で新しい人たちに教えることでpay it forwardして（お返しではなく、次の人に伝えて）くださいと言ってくれました。この本を通して、彼から学んだことをpay it forwardできることをうれしく思っています。

❖コミュニティ・ウェルネス・フォーカシング

この本の成立のもう一つのきっかけは、日本人間性心理学会第32回大会を大正大学でお引き受けしたことでした。準備委員会は若いフォーカシング指向心理療法研究会のメンバーと大正大学カウンセリング研究所の有志を中心に結成されました。そこで事務局を引き受けてくれた青木聡先生から、日笠が引き受けるのだから、「フォーカシング祭り」をしようとお勧めいただきました。

また、基調講演者の候補としてフォーカシング関係の方たちを検討した中で、もっとも多くの支持を得たのが、パット・オミディアン博士でした。オミディアン博士は、アフガニスタンやパキスタンで、既存制度や援助機関と共同して、地域の心理的社会的健康のためにフォーカシング教育を提供する取り組みをしてきました。そして、一対一のセラピーモデルを越えて、コミュニティの健康を促進するためのフォーカシングの活用を工夫しています。その取り組みは更に、コミュニティ・ウェルネス・フォーカシングとして、エルサルバドル、エクアドル、パレスチナなど世界各地の、戦争・貧困・暴力・紛争などの危機にある地域社会への取り組みと連携した運動として発展しています。各地では、それぞれの地域性や文化を生かした教え方が工夫されてきています。そして、フォーカシング研究所を介して交流を持つことで、それぞれの実践から学びあいながらの運動となっています。このように世界の平和や社会の変革に貢献することは、そもそも、ジェンドリンが、The Politics of Giving Therapy Away: Listening and Focusing（1984, http://www.focusing.org/fot/giving_therapy.asp）という論文や、チェンジズ という自助的なグループ活動の実践でも目指していたものです。パット・オミディアンによるコミュニティ・ウェルネスとアフガニスタンでの実践についての論文を本書にも収録しました。

本書は、【コミュニティが元気になる31の方法】と題したように、生活の中で、地

域社会の中で、フェルトセンスを感じとり表現しあうことによって、それぞれの人が尊重されコミュニティが活性化されることを目指したワーク集です。皆さんに活用していただくことではじめて本書は、「フォーカシングがみんなのもの」となるために貢献できます。

❖本書は、みんなで作った本です

本書はみんなで作った本でもあります。生活の中に生きる体験的なワークを内外から集め、今まで公刊された書籍には収録されていないものを中心に選びました。そして、2ページあるいは4ページという短い分量で、読者がそのワークを実践できるよう簡潔にまとめてもらいました。著者の皆さんには、分量的にも内容的にも無理なお願いをしましたが、皆さん快く、それぞれに工夫して書いてくださいました。

それぞれのワークは独立して利用することができますが、似たものをまとめて、第1章「しっかりとここにいる」、第2章「表現」、第3章「ひととのかかわり」、第4章「いろんなことにフォーカシング」、第5章「実践：人生のそれぞれの場面で」、第6章「フォーカシングを世界に生かす──コミュニティが元気になるために」とし、基礎的なものから、具体的な状況での実践的なものへ順序づけました。

目次では、フォーカシングの活用の仕方の基礎編から応用編へという順番で並べましたが、さまざまな場面・領域・対象の方に活用していただくために、巻末に索引をつけました。この索引は、それぞれのワークを複数の視点から理解し、活用の場を広げるきっかけになることを意図しています。人数、年齢、対象、支援の現場、用いる道具など、実用的な項目をピックアップして作成されました。

❖今までに出版されている書籍もご参照ください

本書では、フォーカシングを深く学ぶというよりもフェルトセンスを感じることを促す実習、特に、グループワークとして取り組めるものを中心にとりあげました。ですから、フォーカシングについて正統的に学びたい人は、『フォーカシング』（福村出版, 1982）、『やさしいフォーカシング』（コスモスライブラリー, 1999）、『フォーカシング・ワークブック』（日本・精神技術研究所, 2005）、『フォーカシング入門マニュアル』（金剛出版, 1996）など既存のフォーカシング関連書に当たってください。

しかも、今まで公刊された文献の中にとりあげられているワークとはできるだけ重複しないように選択しました。ですから、まだまだ他にもフォーカシング的実習はたくさんありますし、公刊されています。『フォーカシング・ワークブック』、『マンガで学ぶフォーカシング入門』（誠信書房, 2005）、『子どもたちとフォーカシング』（コスモスライブラリー, 2010）等には、本書では取り上げられていないたくさんの実習

課題が掲載されています。

また、とりあげたワークも、本書では2ページ、多くても4ページしかスペースを与えられていませんので、十分説明を尽くせていません。また、それぞれの担当執筆者には方法に重点を置いて書くようお願いしましたので、理論的背景や例示や解釈等については、ほとんど触れられていません。関心を持たれたら、各節に挙げられた参考文献を読んでいただければ幸いです。

♣安全の約束

この本のワークを実践する上で一つだけ、注意していただきたいことがあります。ここに掲載したワークは、フォーカシングの理論や実践を基礎にして生まれたものです。フォーカシングは、自分の内側のまだことばにもならないような微妙な実感を大切にする取り組みです。そこからは、否定的な感情や、もしかしたら、触れることが怖いような思い出が引き出されることもあるかもしれません。そのような扱いの難しい気持ちを上手に扱うためには、その体験の場が安全であることが第一です。フォーカシングは安全さや安心感を第一にする実践です。その基本的な姿勢を学んだ方に実践してもらいたいと願っています。

しかし、公刊したからには、フォーカシングの体験は乏しくても本を読んで試してみる方も多いと思います。そのために、安全を守るための最小限の約束をここに記しておきたいと思います。これはどのワークを行う際にも共通のものです。すべてのワークを行う場合、ファシリテーターの方は、この点について参加者にご指示ください。

1）自分の安全は自分で守りましょう。

何であれ、提案されたことをする前に、一呼吸置いて「これをやっても大丈夫かな」と自分に問いかけて自分の反応を確かめましょう。言いたくないこと、言うのが怖いなあと感じることは言わなくて構いません。やりたくないこともしなくて構いません。ワークのなかで、関連する事柄を他の人に説明する必要はありません。

ファシリテーターや参加者同士でも、やりたくない、パスしたいという希望をあたたかく歓迎するようにしましょう。他の人も、事情がわからなくても詮索することはせずに、今のその人が感じていることに耳を傾けましょう。

皆さんそれぞれがその場で感じていることを大切にしてください。

2）グループで行う実践の場合、体験の場を安全にして、他の人たちも守るために、以下の点に留意してください。

①体験や発言を他の場に持ち出さないようにしましょう。
②その場で起こったプロセス以外の内容についての質問・詮索やコメント・解釈は避

けましょう。体験の内容は個人に属するものです。内容、またその背景にある出来事や考えなども含めたプライバシーが守られることが安全の要です。

③批判は避けましょう。体験や表現の内容についての批判は論外ですが、その場でやろうとするワークもうまく行かないことがときにあります。そんな場合も批判するのではなく、はじめてのことに失敗はつきものという態度で、自分にも周りの人にも寛容でいてください。

④その場に出てくるどんな感じも大切にしましょう。

♣「はじめに」の最後に

この本のきっかけとなった大正大学での日本人間性心理学会第32回大会の準備委員会の皆さん、特に「体験の広場」を提唱してくださった大正大学臨床心理学科同僚の青木聡先生と、「コミュニティを元気にする」という方針を強力にサポートしてくださった村山正治先生に、編者一同より心からの感謝をお伝えします。また、本書のアイディアを堀尾と日笠に吹き込んでくださった創元社編集部の津田敏之さん、編集の実際的作業をご担当いただいた宮﨑友見子さんにも深く感謝いたします。お二人の専門家としてのご助言や作業がなければ、本書の時宜にかなった出版は不可能でした。また、そのときどきのメールでの励ましが大きな力になりました。また、皆さん、心惹かれるかわいい挿絵にお気づきのことと思います。本書の装画・イラストを担当してくださった久羽康さんをここにご紹介して、感謝の表明とさせていただきます。

フォーカシングはみんなのものです。それを体験していただくためのワークの集積であるこの本もたくさんの方々からの貢献を寄せ集めて生まれました。みんなでつくりました、という意味でこの本も「みんなのもの」です。

最後に、締め切りも枚数も様式もいろいろと制限のある中で、ご協力いただいた著者の皆さんに対して、感謝を申し上げます。ありがとうございました。

みんながいろいろなところで工夫してきた体験を促すワークが、読者のみんなのもとに届き、さらには、このワークのいくつかでも体験する子どもから大人・高齢者まで、みんなのもとに届いていくことを願っています。

2013年7月21日

編者を代表して　日笠摩子

目　　次

刊行に寄せて　3
はじめに　5

第1章　しっかりとここにいる

公園のベンチ──描画によるCAS …………………………………… 16
ポージング──William Hernandez "Teaching the pause"より …… 20
フォーカシングとマインドフルネス瞑想 ……………………………… 24
グラウンディド・プレゼンス …………………………………………… 26

第2章　表　　現

1．フェルトセンスの表現

感情とニーズのポーカー
　　──NVCの教え方を利用してフォーカシングを教える ………… 30
こころの天気（小学校での実践）……………………………………… 34
こころの天気（大学での実践）………………………………………… 36
KOL-BE（コルビー）──ことばにならないものを表すために …… 38

2．創　　造

アートのことば …………………………………………………………… 42
体験過程流コラージュワーク …………………………………………… 44
言葉の種探し──フォーカシングからの詩作り ……………………… 48

第3章　ひととのかかわり

1．リスニング

トラスト・ワーク──ことばを使わない傾聴訓練 …………………… 54
悪魔のリスニング・天使のリスニング ………………………………… 58

３つの椅子の実習 ……………………………………………………… 60
　　　話し手に教えてもらう方法 …………………………………………… 62
　２．人と人の交流
　　　インタラクティブ・フォーカシング …………………………………… 66
　　　インタラクティブ・フォーカシングを行う
　　　　──フォーカシング・コミュニティ・グループ ……………………… 70
　　　フォーカシング・サンガ ……………………………………………… 72
　３．人についてのフォーカシング
　　　私・あなた・関係のフェルトセンシング ……………………………… 74
　　　人との関係についてのフォーカシング ……………………………… 76

第4章　いろんなことにフォーカシング

　１．ことばの刺激で
　　　なぞかけフォーカシング ……………………………………………… 82
　　　漢字フォーカシング …………………………………………………… 84
　　　連詩を楽しもう！──就活連詩・仕事連詩のグループワーク ……… 86
　２．気づきの外から
　　　夢フォーカシング／小グループ夢フォーカシング …………………… 90
　　　内観フォーカシング …………………………………………………… 94
　　　ポジティブ心理学とフォーカシングの交差 …………………………… 98
　　　アートをフォーカシングする──絵はがきを利用して ……………… 100

第5章　実践：人生のそれぞれの場面で

　　　キャリアデザイン──「人生の色」ワーク …………………………… 106
　　　からだほぐしとフォーカシング ………………………………………… 110
　　　ホッとできる子育て親育ち──4回シリーズの親向け講座 ………… 114
　　　フォーカシング指向PCAGIP──学校現場での実践から ………… 118

第6章 フォーカシングを世界に生かす
――コミュニティが元気になるために

アフガニスタンの教師のための文化に即した
　心理社会的トレーニングの開発 ……………………………… 124
ビジョン・ステートメント：フォーカシングの今後の方向性
　――アクションステップとプロジェクト
　　Vision Statement for Focusing—Action Steps and Projects … 132

索　引　143

✤各ワークの冒頭には、対象となる人数と年齢をマークで示してあります。

人数	ONE-PERSON	一人でできるワーク
	PAIR	ペアで行うワーク
	GROUP	グループで行うワーク
年齢		学童期
		思春期
		成人期（青年期・老年期を含む）
	CHALLENGING!	すでにフォーカシングを学んでいることが条件のワーク

デザイン　装丁室801

第1章

しっかりとここにいる

公園のベンチ
描画によるCAS

近田輝行

人数：   　　年齢：

　大きなグループでの実施しやすさをねらって開発した描画によるクリアリング・ア・スペース（CAS）です。CASでは、フォーカシングでひとつの問題や感じに注意を向ける前にまず、思いうかぶ問題や気がかりをすべて並べ、自分から離して置いておきます。自分自身と問題を区別して間をとり、ほっとできる空間と問題に巻きこまれていない自分自身をイメージし感じることができると、それだけで気持ちが変化したり、問題に対する見方が変わったりすることがあります。もともとジェンドリンの6ステップの第一段階ですが、臨床や教育に応用しやすいため、フォーカシングの準備段階を越えたこころの整理法として、さまざまな方法が工夫されています。

　描画によるCASもすでにいくつかありますが、この方法の特徴は自分が居る場所から眺めた空間のイメージを手軽に表現できる点です。半ば描かれた奥行き感のある風景に、問題や気がかりを書き込みます。あらかじめ遠近のある空間ができているので、距離をとる感覚がつかみやすく、問題から間をとった空間のイメージを安全かつ簡単に表現できます。気がかりから間をとる、置いておくということがイメージしにくい参加者はこの風景という枠に助けられます。風景は全体に淡く描かれているので、自分のイメージに合わせて描き足しながら、塗り絵やスケッチのように楽しむこともできます。ふり返りでは、お互いの絵を眺めることで、問題との距離や全体を見渡した空間のイメージを正確に共有することが可能です。

やりかた

対象：学生、成人のグループのために開発しましたが、個人でも実施可能です。
手順：概要の説明、用紙（A4横）（可能ならば色鉛筆）の配布、必要に応じて軽いリラクゼーション、全体教示と個人作業、グループでのふり返り、まとめ。
教示：1. これからイメージを使って気がかりを並べます。
　　　　　まず、このシート（p.19参照）に額縁のように枠取りをしてください。
　　　　　始める前にゆっくり息を吐きながら、肩の力をぬいていき、だんだんと気

持ちを内側に向けていきましょう。（少し間をとる）
2．このシートのように自分が公園のベンチに座っているのを想像してください。そして自分に問いかけます。今リラックスしていい気分でいるのをじゃまする気がかりは何だろう？（少し間をとる）浮かんできたものは何であれ、まずそのまま認めましょう。ああ、こんなことが気になっているんだね、と。浮かんできたものひとつに入り込まないようにして、出てきた問題をひとつずつ、適当な場所に置いておきましょう。
前にあるベンチの上はどうでしょうか。ベンチの上がぴったりこなかったら、もっと近くでも、逆に遠くの森の中や山の中でもでもいいでしょう。どこがぴったりか、自分の気持ちに聞いてみましょう。
自分でそれと分かればいいので、図形でも、記号でも、具体的な形を描いてもかまいません。名前やラベルをつけてもいいでしょう。好きなようにシートに書き込んでみてください。〈必要に応じて２．を繰り返す。〉
3．（時間をおいて）もうこれ以上浮かばないというところまで出来た方は、本当にそれで全部かどうか自分に問いかけて確かめて見ましょう。必要ならば置き場所や形を修正してください。これで全部、もうじゅうぶんと感じられる方は、全体を眺めて今どんな感じがするか、あらためて何か気づくことがあるか確かめてみましょう。
4．あと＊分で終わりにします。
5．それでは、時間がきたので終わりにします。
6．時間がきても終われない人への教示例：置けない問題、まだ出てきそうな問題をとりあえず、まとめて入れておく袋などを描いて、終わる方向へもってきてください。

たとえば

　大学の講義で実施する場合など、集団によっては、問題や気持ちに触れたくない人は参加せずに見ているように伝えるなどして、心理的安全に配慮します。可能な限り色鉛筆を使用しています。色鉛筆とこの風景は心理教育的なワークに役立つ遊び心を刺激します。自分の気持ちにぴったりな色を塗ったり、風景に足りないものを書き足したりすることで、イメージやストーリーの展開が促され、プロセスが進みます。ふり返りも含めると１時間程度は必要です。

ふりかえり

　数人の小グループで順番に感想を述べます。問題の中身ではなく、並べて眺めてみ

てどんな感じがしたか、気づいたことや工夫したことなどを中心に、言葉にしてもよいことを確かめた上で話します。置いた問題の内容に触れることは禁止です。まだ言葉にできない人、絵を見せたくない人はパスしてよいことを保証します。小グループでのふり返りの後、全体グループで感想を募り、間をとるための工夫や気づいたことを共有します。まとめでは、CASの理論的な説明や他の方法を紹介することもあります。

ひろがり

　フォーカシングコミュニティや経験者のグループでは、描画後のふり返りを、時間とリスナーを決めたフォーカシングセッションにすることが出来ます。絵を眺めながらゆっくりと感じを確かめ、感じたことを言葉にし、それを伝え返してもらうことで、さらにプロセスが進みます。空間的なイメージを正確に共有できることで、フォーカサーと聴き手との相互作用は促されます。
（この方法はN.フリードマンの8ステップのCASからヒントを得たものです。）

参考文献　近田輝行・日笠摩子（2005）「第3章　クリアリングアスペース実習」『フォーカシングワークブック』日本・精神技術研究所, pp.39-59
　　　　　　近田輝行(2010)「半構造化した描画課題による新たなclearing a space の試み――「公園のベンチ」」『東京女子大学論集』61-1, pp.133-146.
　　　　　　Friedman,N. (2000) Focusing:Selected Essays1974-1999, Xlibris Corporation.『フォーカシングとともに① 体験過程との出会い』日笠摩子訳, コスモスライブラリー, 2004.
　　　　　　Gendlin, E.T (1978)FOCUSING. Bantam Books, New York.『フォーカシング』村山正治・都留春夫・村瀬孝雄訳, 福村出版, 1982.
　　　　　　増井武士（1994）『治療的関係における「間」の活用――患者の体験に視座を据えた治療論』星和書店.

ワークシート（A4横）

「公園のベンチⅡ」T. Chikada 2009

記入例

第1章 しっかりとここにいる

019

ポージング

William Hernandez "Teaching the pause" より

堀尾直美・日笠摩子

人数：   　　年齢：

　エクアドルのフォーカシング・トレーナーであり認定コーディネーターである、ウィリアム・エルナンデスが考案した、ゲームや遊びを通して時間的に間をとる（pausing, ポージング）ことを学ぶワークを紹介します。エルナンデスたちの教え方の特徴は、フォーカシングのやり方をパッケージとしてまるまる教えるのではないことです。彼らは、対象となるコミュニティが必要としていることに焦点を当てます。そして、フォーカシングする時に私たちが行うことのなにが、彼らが問題を解決するのに役立つだろうかと考えるのです。こうして考え出されたのが、一連の、間をとるワークです。

　私たちは、働きかけること、速いこと、すぐに答えることに価値を置く社会で生きています。早くしなさいと言われながら育ちます。でも、フォーカサーは、立ち止まって間をとることの価値を知っています。立ち止まることで、知っていること以上のなにかが浮かんでくる空間、即座に反応する以上の豊かさが生まれるのです。エルナンデスは、これら一連のワークはまだフォーカシングを知らない人たちに向けたものだと述べています。しかし、すでにフォーカシングを知っている人にとっても興味深いものでしょう。

やりかた

【実習１】物についての問いかけ 〈pausingが自然に起こる状況を作る〉

対象・機会： エルナンデスは、同僚や知り合いなど日常の付き合いの中で、機会があると、その人を相手にして一対一でこれを試みていると話していました。ビジネスマンや技術者のような、解決したり働きかけたりすることに価値を置く人たちにも、有効だそうです。

準備： なにか身の回りにある物をひとつ（例えば、封筒）、机の上に置きます。

手順： 質問⑴ 〈なにがありますか？〉

　　　　　回答例：「封筒」

質問⑵ 〈これになにができますか？〉
　　　　回答例：「手紙を入れる」「メモを書く」…
質問⑶ 〈これに触れないで、なにができますか？〉
　　　　回答例：「息を吹きかけて飛ばす」〈息を吹きかけることはしないで〉
　　　　　　…「宛名をイメージする」〈イメージなしで〉…「ただ見る！」

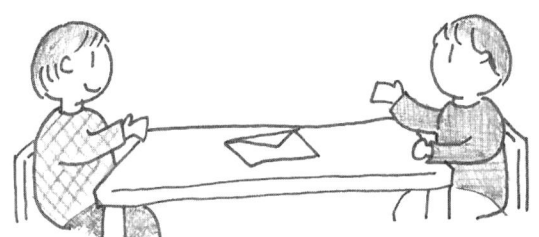

テーブルに座っている二人とテーブルの上の封筒

学び：答えを考えている時に自然と沈黙になり、間が起こります。ただ見ること、観察することは、つねにできることであることに気づきます。

　　　批判せず、同調せず、何もしないで、でも観察する姿勢の説明にも使えるでしょう。ただ認めることは、いろいろなプロセスが生まれる支えとなります。

　　　また、場が穏やかになる効果があるので、例えば、こどもたちとのワークのはじめに行うと、落ち着いて内容に入っていけるでしょう。気持ちや感覚から遠い、現実的な人にも間を持ってもらうことができます。まだことばにならないところを探ってもらうことができます。

★次から示す実習2～4は、エルナンデスの3時間ワークショップの前半部分です（後半は、本書「トラストワーク」(pp.54-57)。

【実習2】すばやく取る／間をおいてから取る〈間の効果を感じる〉

準備：集団で行う場合は、参加者を2人あるいは3人のペアか小グループに分けます。ひと組でひとつ、すばやく手で取れる位の大きさのものを用意し（例えば、消しゴム）、目の前に置きます。参加者それぞれから等しい距離に置いて競争にするといいでしょう。

テーブルに座っている二人が何組か、それぞれのテーブルになにか小物がある、そして、その人たちに向かって立っている人（教示者）

手順：教示⑴ 「1、2、3」と声かけします。3ですぐ取ってください。
　　　教示⑵ 今度は、「1、2、3」と言ってから5秒後に取ってください。
　　　教示⑶ 1と2でなにか違いがありましたか？　と2種類の体験の違いについて、参加者に問いかけます。
学び：間をとること、ゆっくり行うこと、丁寧に行うことの効果を体験的に知ってもらえるでしょう。日常生活の早さ優位の世界で見失っていることに気づくでしょう。

【実習3】質問にすぐ答える／間をおいてから答える〈間の効果を感じる〉
手順：教示者が質問して、参加者が答えます。
　　　教示⑴ 最初は、質問に対して、すばやく大きい声で答えるように教示します。
　　　　　　 質問例：「お名前は？」「年は？」「どこに住んでいる？」「どこで生まれた？」「お母さんの名前は？」
　　　教示⑵ 質問をするけれども、教示者が合図するまでは答えてはいけないと教示します。合図として、例えば机を2回たたく、などします。合図するまで最低10秒位は間をおいてください。かなり長いです。
　　　　　　 質問例：「お母さんの名前は？」
　　　　　　 すると、合図までの間に、対象者は穏やかになり、質問に注目し、母に関するいろいろな記憶やイメージが湧いてきたりします。
　　　教示⑶ 「お母さんの名前は？」という質問に、すぐ答えた時と間をおいてから答えた時の違いについて、参加者に問いかけます。
学び：間があることで、単なる答え以上のものが感じられる余地が生まれます。質問の内容以上の体験が促されます。間をおくことがいかに難しいかに気づくことでしょう。但し、日本人の場合は、ワークが考案されたエクアドルの人たちより、間をおくことに長く耐えられるかもしれません。

【実習4】（実習3のバリエーション）質問にすぐ答えてはいけない〈間をおく難しさを感じる〉
手順：教示者は参加者に、質問をするけれども、すぐに答えないでください、合図があってから答えましょうと伝えておきます。
　　　教示⑴ 今現在に関する質問をいくつかします。かなり時間をおいてから、そしていくつかの質問の後でようやく答えてもよい合図をします。
　　　　　　 質問例：「今何時ですか？」「今日はあと何分位時間がありますか？」「後ろのテーブルには何が置いてありますか？」「疲れましたか？」「また来週もこの続きをしますか？」
これらの質問に、合図がないと答えないでいられたら、次に移ります。

教示⑵　動作を促す指示をしますが、合図があってから動いてくださいと教示
　　　　　します。
　　　　　指示例：「**立ってください**」…かなり長い間…合図（参加者が立つ）「**座**
　　　　　　　っていいです」すると、合図がないのに、参加者が座ってし
　　　　　　　まうことが起こります。
学び：ポイントは、どれだけ待てるかではなく、自動的機械的に応答したり反応した
　　り行動したりせずに間をおくこと、そうすることで応答や反応に意識的になる
　　ことです。我々の文化には早くやるのがいいという価値観があります。機械的
　　に早くすることが身についています。ゆえに、間をおくことは非日常的なこと
　　です。通常の応答や行動がいかに自動的かに気づくでしょうし、間をとること
　　の難しさを感じることでしょう。いかに質問の力が強力であるか、指示の力が
　　強力であるかを体験してもらえます。

たとえば

　エルナンデスらは、エクアドルの貧困地域に住む人々が健やかに自立して生きていけるように支援する基金（Fondo Ecuatoriano de Cooperación para el Desarrollo）や開発プロジェクトの活動のひとつとして、実習2～4並びに第3章-1にある「トラストワーク」をワークショップ形式で行っています。それらの地域のリーダー（例えば、教師）に学んでもらい、その人たちが地域の人々にすぐに伝えていけるようにしています。

ひろがり

　実習3は、間を取ることで、通常のパターン（おきまりの応答や反応）を超えうることに気づくワークとして使えます。すると、そこを入口にフォーカシングの解説に入っていくことが可能でしょう。
　落ち着きを与えて、衝動的反応を減らす目的でも使えるでしょう。間をとることで、相手が話す余地が生まれるので、聴くことの研修会にも取り入れられるでしょう。

参考文献　William Hernández「NPO活動でのフォーカシング」天海道子訳, STAYING IN FOCUS, vol. X,
　　　　No.3, The Focusing Institute, 2010.
　　　　http://www.focusing.org/newsletter/sep2010/japanese-newsletter-sep-2010.pdf

フォーカシングと
マインドフルネス瞑想

高瀬健一

人数：   　　年齢：

　マインドフルネス瞑想は仏教の修行法に起源を持っていますが、現在では宗教と切り離して精神疾患の治療に、あるいは自己洞察と成長をもたらすセルフヘルプの方法としても用いられています。マインドフルネス瞑想の特徴は自らの思考、感情、身体感覚を評価・判断せずに受け容れ、それらに観察者として関わること（脱中心化）にあります。またそこから生まれる気づきは実践する者に内的な空間と、高い共感性をもたらします。それらはフォーカシング的な態度（プレゼンス）と共通する面が多く、マインドフルネス瞑想とフォーカシングを組み合わせることで、それぞれの体験をより深めることができます。

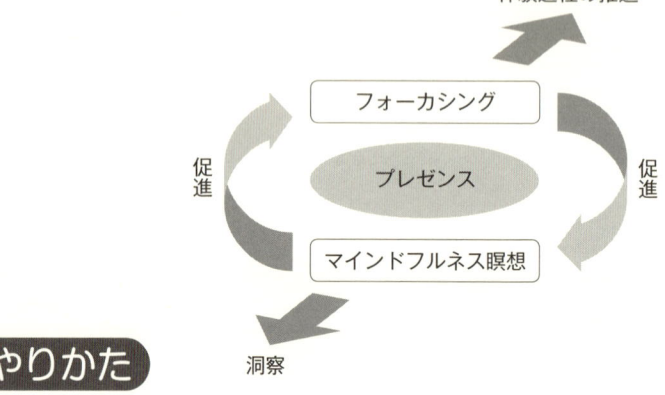

やりかた

手順

- マインドフルネス瞑想を行った後にフォーカシングを行います。
- フォーカサーが日常的に継続してマインドフルネス瞑想を行います。
  どちらもマインドフルネス瞑想は5〜15分程度行うのがいいでしょう。

教示

マインドフルネス瞑想
1. 姿勢を正して楽に座り、目を閉じたほうが心地よければ目を閉じて下さい。
2. 意識を自分の呼吸に向けて下さい。お腹に注意を向けると、呼吸にともなって静

かにふくらんだり引っ込んだりするのが感じられるかもしれません。鼻の穴に注意を向ければ、空気が出たり入ったりするのを感じるかもしれません。息を吸い込んでいる間も、吐き出している間も、呼吸のすべての瞬間に注意を集中して下さい。
3．自分の注意が呼吸から離れたことに気づいたら、その度に呼吸から注意を逸らせたものは何だったのかをゆっくりと自分の中で確認します。それから静かに呼吸へと注意を戻し、息が出たり入ったりするのを感じてください。これを何度も繰り返します。

（その後も教示3をときどき入れる）

ふりかえり

　はじめはペアでフォーカシングをする際に取り入れるのがよいでしょう。リスナー（ガイド）はフォーカサーにマインドフルネス瞑想の教示をしつつ自らも一緒に行います。それがフォーカサー、リスナーともセッション中にプレゼンスの状態にいることを助け、フォーカシングの過程がより進みやすく深いものになります。慣れてくればフォーカサー一人でもできるようになるでしょう。

　瞑想を日々の習慣にすることによって、集中力と気づきが養われます。そこから自己洞察が生まれ、プレゼンスを育むことにつながります。

　マインドフルネス瞑想中には今この瞬間に注意を向け、起きてくる思考、感情、身体感覚に気づくこと、それらを評価・判断せずに受け入れることを大切にします。こころが繰り返しさまようことは自然なことであって、うまくいっていないことではないのです。そうしたことにも忍耐力と好奇心をもって接し、自分の体験を観察する機会としましょう。

ひろがり

　マインドフルネス瞑想を行った後に、その体験についてフォーカシングを行うと、瞑想の体験を深めるのに役立ちます。

参考文献　Friedman, N.（2000）Focusing: Selected Essays 1974-1999.『フォーカシングとともに③　心理療法・瞑想・奇跡』日笠摩子訳, コスモスライブラリー，2005.
　　　　Hick, S.F. & Bien, T.（2008）Mindfulness and the Therapeutic relationship. New York, The Guilford Press.
　　　　Kabat-zinn, J.（1990）Full Catastrophe Living.『マインドフルネスストレス低減法』春木豊訳, 北大路書房，2007.

第1章　しっかりとここにいる

グラウンディド・プレゼンス

佐藤文彦

人数：   　　年齢：

　環境と自分との関係についてフォーカシングをすることは、日常生活の土台の感覚、安定感、安心感を育むことに役立ちます。それは、からだ全体を感じながら、同時に、地面の感覚、大気の感覚など、今の感覚を肯定的に認め、受け入れることからはじまります。からだ全体に注意をむけながら、これらの環境のサポートにからだをまかせてみることで、より大きな自分のあり方を感じたり、今ここにいる感じが感じられやすくなるでしょう。環境の支えとともにからだ全体が今ここにある感じを感じつづけること。これを繰り返すことで、高まった質をグラウンディド・プレゼンスといいます。これはホールボディ・フォーカシングのプロセスの第一歩でもありますが、フォーカシング体験がより安定したものになる方法でもあります。

やりかた

対象：どなたでも。ただし、7.以降は、フォーカシングを学んでいる人。
手順と教示：
1. 居心地のよい場所を選びます。
2. からだ全体に注意を向けます。
3. からだと地面との接点に注意を向けます。
4. 地面からのサポート感覚、重力反射感覚、もしくはエネルギーのようなものを感じるならその流れも受け入れます。
5. からだ全体を感じ、同時に、今自分の注意をひく感覚に注意を向けます。
6. その感じを感じます。そしてその質に注意を向けます、特に動きの質に注意を向けます。（たとえば、内側に入ろうとする動きとか、ねじれの動き、固めている方向など）
7. フォーカシングを始めます。動いてもかまいません。
8. からだ全体に注意を向けます。

立っていても、座っていても構いません。感覚を肯定的に認めていきたいので、強すぎる感覚があるところは避けたほうがよいと思います。からだ全体に注意をむけることに慣れていない人も、繰り返す中で、よりからだ全体に注意が向くようになることが多いことを知っておいてください。むしろ注意を向けすぎていないか、感じようとしすぎていないかに関心を持ってください。無理をしない、自然な、気づく程度の注意がよいように思います。

地面のサポート感覚は実際にあるものです。重力反射感覚、エネルギーのようなものの感覚も同様だと思います。繰り返すうちに感じられるようになると思います。注意をひく感覚と、その質についても動き自体がかすかである場合が多いです、とくに動かそうなどと考える必要はありません。ひとつの手順が楽になってくればくるほど、ほかの手順も感じとりやすくなっていきます。

ポイント

すべての手順を行ってもよいですが、もっとも大事なのは手順1.から4.です。ひとつの手順だけをやっていくのもよいでしょう。このやり方はからだが感じている感覚を肯定的に認めることがもっとも大切で、8.までいくとまた1.に戻るという循環的なプロセスを持っています。

ひろがり

リスナーに環境の一部になってもらい試すこともできます。

視覚、聴覚、臭覚などのほかのモダリティ、何かの動作や思考するときの自分の姿勢と環境のサポートについても試すことができます。

参考文献　Alexander, F.M.（2010）『自分の使い方』鍬田かおる訳，晩成書房．
　　　　　McEvenue, K.（2004）『ホールボディ・フォーカシング――アレクサンダーテクニークとフォーカシングの出会い』土井晶子訳，コスモスライブラリー．

第2章

表　現

感情とニーズのポーカー
NVCの教え方を利用してフォーカシングを教える

ベアトリス・ブレイク
（日笠摩子：訳）

人数：   　　年齢：

　ノンバイオレント（非暴力的）コミュニケーション（NVC）には面白い教え方がたくさんあり、フォーカシングを教えるためにも利用できます。その一つ、感情とニーズのポーカー（Lucy Leuが刑務所でNVCを教えるために開発）は、フォーカシング的態度、共感的傾聴、フェルトセンシング、共鳴、伝え返し、暗黙の複雑性、「プロセスはフォーカサーのものである」等を学ぶよい教材になります。

　2008年の秋、私とウェンディ・ウェバーは、NVCとフォーカシングとの組み合わせを教え始めました。2009年11月以来私はエルサルバドルに招かれて、この組み合わせを3時間のワークショップ×4回で教えてきました。現在はその時以来協力してくれているメルバ・ジメネズが現地で、フォーカシングとNVCを組み合わせた「レジリエンス・サークル」の運動を進めています。

　最初の3時間で、フェルトセンシングとリスニングの実習をし、NVCの基本を伝えます。最初のフェルトセンシング実習は、他の人が話す間、黙って耳を傾けることです。その後ただ聴く体験や聴いてもらう体験についてふり返りをします。そして、2回目の後半に、感情とニーズのポーカーを導入します。感情とニーズのカードの英語版はcnvc.org のウェブサイトで購入できます。（日本語についてはhttp://zenvc.org/index.php?Itemid=17をご参照ください。）

やりかた

対象：カードゲームは、いろいろな層の人たちに親しみやすい形式です。感情や心理を語ることをためらう人もあまり抵抗を感じないようです。子どもから思春期、大人、高齢者まで楽しめます。ルールを工夫すれば、最小限のガイドで「私にもできる」感覚が得られます。フォーカシングやシフトも体験できます。もちろん、熟練のトレーナーに聴いてもらう方が深い体験ができますが、カードゲームで最初の体験をすることで、参加者は自信がつき動機づけが高まります。非暴力的コミュニケーション（NVC）という人間関係を変える貴重な道具を

学んでもらえることも大きな効果です。

教示：ステップ①（5分）

1番目の人（Aさん）が3分間、自分の体験や状況について話します。その間グループの他の人は黙って聞きます。Aさんは、話をした後、内側で自分がどんな感じがしているか確かめます。

ステップ②（5分）

グループの他の人たち（リスナー）は、Aさんの話の状況でAさんが感じていた感情を推測して、感情カードを選びます。そして一人ずつ自分が選んだカードをAさんの前に置きます。Aさんは内側を感じて、そのカードのどれが自分の感じに響きあうか確かめます。響かないカードは捨てます。

次に、Aさんは、残った感情カードを全部見て、他の人が選ばなかったけれども自分に響く感情があったらそれも選びます。その上でもう一度、その状況についてからだの感じを確かめます。

こうしてAさんが感じていた感情のカードがテーブルに並びます。

ゲームの前に、リスナーはAさんの感情を「当てる」必要はないことを伝えておきましょう。リスナーは共感的な推測をするだけでよいのです。Aさんの感情とは違うカードを選んでも「間違った」と落ち込むのではなく、Aさんの感じていることがわかったことを喜ぶよう促します。自分が感じていることを知っているのはフォーカサーだけなのですから。ここでフォーカシングはフォーカサーのものだとわかれば、その後リスナーとしての傾聴が気楽にできるようになります。

カードの文字を眺めるときにも、人はフェルトセンスと共鳴させています。内側で「そうだそうだ」とうれしくなることばと、何の反応もないことばがあることに気づきます。カードのことばに反応する何かに注意を向けることによって、共鳴という体験ができます。

NVCでは他の人の感情を推測しますが、フォーカシングに馴染んだ人はそれに困惑するようです。最初からフォーカサー自身にフェルトセンスを感じてもらえばいいのに、と思うようです。私たちは他の人の感情の推測することを強要はしません。カードを使うのは次のような点をわかってもらうためです。

①どんな状況にも、たくさんの感情やニーズがあること。このことをまったく気づいていない人もいます。
②他の人が感じていることを推測しても、当たるのは稀であること。憶測するより、本人に、どんな感情やニーズを持っているか尋ねる方がずっとよいのです。
③NVCで大切にする感情とニーズをゆっくり感じることが、フェルトセンスの形成を「促す」場になること。実際、フェルトセンスの形成を促すよう、Aさんにステ

ップごとに、状況や気がかりとのつながりも確かめてもらいます。

ステップ③（5分）
Aさんがニーズのカードの束から、ステップ②で挙げられた感情の背景にあるニーズを見つけて、内側で共鳴するかどうか確かめます。Aさんがニーズをすべて挙げたら、隣に座っているリスナーが、Aさんが選んだカードを優しく共感的な声で読み上げます。それによってAさんの内側の感じが変わることもあります。

NVC理論によれば、感情はニーズが満たされたり満たされなかったりすることで生じます。ニーズは感情より深いものです。つまりニーズからはより深いフェルトセンシングがもたらされます。フォーカサーがニーズを選ぶのは、ニーズは自分にしかわからないからです。感情的反応の背後にニーズがあるという考え方は多くの人にとって新発見のようです。

自分のニーズを他の人に穏やかに共感的に伝え返してもらうことは、感動や安心を得られる体験です。他の人の伝え返しを支えに、自分自身のニーズと感情に深く耳を傾けることで、変化がもたらされます。フォーカサーとリスナーがどちらも初心者であっても、熟練したリスナーとのフォーカシングセッションに匹敵する体験が起こるのです。

ステップ①、②、③をグループのそれぞれの人で行います。

🔲 たとえば

カードゲームを使った感動的な例として、サンサルバドルの中央市場の地代集金人のクラスの例を挙げましょう。狭い事務所に7人の集金人が集まりました。大きな市場の屋台一つひとつから集金する仕事は難しいものです。売り上げの少ない店から賃料を取る難しさに加えて、集金人たちは、市場経営陣からも圧力をかけられていました。最近の選挙の結果、新しい経営陣は、今までの集金人を辞めさせて、選挙に勝った党派の人たちに仕事を与えようとしていたのです。

ある集金人は、経営陣から記録の不備を責められ、ハラスメントを受けていました。カードゲームで彼はこの話をし、同僚たちは、彼の気持ちを共感的に推測して、カードを並べました。彼自身も感情カードを並べ、続いてニーズカードも選びました。すばらしい瞬間は、自分が選んだニーズカードを同僚に読んでもらったとき起こりまし

た。他の人に自分のニーズを認めてもらい、彼の顔は、和らぎ大きく変化しました。彼はもう無力な犠牲者ではなくなりました。経営陣に対し、自信をもって穏やかに立ち向かう準備ができたようでした。

ポイント

ほとんどの人は、それぞれの状況で挙げられる感情やニーズの種類の多さに驚きます。自分の内側に注意を向けたことのない人は特にそうです。自分の前に、10以上の感情カード、10以上のニーズカードが並んでいるのを見てびっくりします。たった3分間で話せる状況にさえ、これだけの暗黙の複雑さがあるのです。

感情とニーズのポーカーはグループに親密さと信頼を作りだします。カードゲームという安全な枠の中で、フォーカシングとリスニングを学ぶ準備ができます。

NVCとフォーカシングの関係

NVC実践者は、NVCの4つの動き（観察、感情、ニーズ、リクエスト）を意識するためにカードを持ち歩いています。対立があっても、人を責めたり批判したり評価したりせず、出来事を描写します。自分の感情とニーズを表現します。そしてそのニーズを満たすために相手に行動をリクエストします。NVCの前にフォーカシングすることは有効です。フォーカシングによって、自分がその対立からどんな影響を受けているか気づけるからです。フォーカシングによって、出来事の解釈がまったく変わることもあります。

NVC理論はフォーカシングの幅を広げてくれます。NVCのニーズのリストを読むことで、喪失を悼むニーズや感情的な安全のニーズやつながりのニーズなど、それまで思いつかなかったニーズも受け入れられるようになります。フォーカシングとNVCは相補い合うものなのです。

参考文献 フォーカシングとNVCのサイト www.focusingnvc.com
NVCセンターのサイト www.cnvc.org
Rosenberg, M.B.（2012）『NVC ——人と人との関係にいのちを吹き込む法』安納献監訳，小川敏子訳，日本経済新聞出版社．

こころの天気 (小学校での実践)

伊達山裕子

人数：   　年齢：

今の気持ちを天気にたとえて絵で表現する方法です。天気は子どもたちにとって身近で、低学年でもイメージしやすく、自分の心の状態を端的に表現することができます。継続することで集中力・表現力や自己肯定感が高まり、学級全体の雰囲気が温かくなります。

対象：全学年（担任を含む）

手順と教示：

1. 筆記用具（色鉛筆等）を用意し、「こころの天気」記入用紙（右図）に名前と日付を書きましょう。
2. ゆっくり息をしながら、今の自分の心はどんな天気かな、と感じてみましょう。
3. 心に浮かんで来たことをそのまま用紙に描きましょう。絵は下手でいいですよ。浮かんで来たものが天気でなくてもいいんです。
4. でき上がったら、それが今の自分の気持ちにピッタリなのかを確かめ、付け加えたいことがあれば描き加えましょう。
5. 今の気持ちにぴったりとなったら、それについての説明や今の気持ちを書いてみましょう。

たとえば

　学級担任が、学級の子どもたち全員を対象として行うことができます。朝の時間や休み時間の後などに初回は20分くらい時間を取り、継続的に週2～3回ぐらい描くようにすると、子どもたちは自分の今の気持ちをそこに表すことができるようになり学級全体が落ち着いてきます。

ふりかえり

　子どもたちが描く「こころの天気」にどんなものが出てきても「今そんな状態なんだね。」とそのままを受けとめ、それを伝え返します。
　継続することによって、
①よい状態の子どもたちはその状態をより高めていくことができます。
②子どもたちの集中力や表現力が高まり、他の課題に集中して取り組むことができるようになったり、作文や絵が描けなかった子が描けるようになったりします。
③日常生活の中で、少々のことは気にならなくなります。
④自己肯定感が高まります。
⑤子どもたちの心の状態がよくなり、互いを受け入れる心の余裕ができます。そのことにより、学級全体の雰囲気が温かくなり、穏やかになります。
⑥担任も一緒に描くことで、子どもたちを見る目が優しくなり、子どもたちの今の状態を受容できるようになります。

ひろがり

①朝の健康観察のとき、"今の「こころの天気」を言う"こともできます。
②子どもたちが話しかけてきたとき、「今のこころの天気は？」と問うと、その子の心の状態を瞬時に捉えることができます。
③自分の気持ちがおさまらないとき、こころの天気を描くことで、気持ちをおさめることができます。

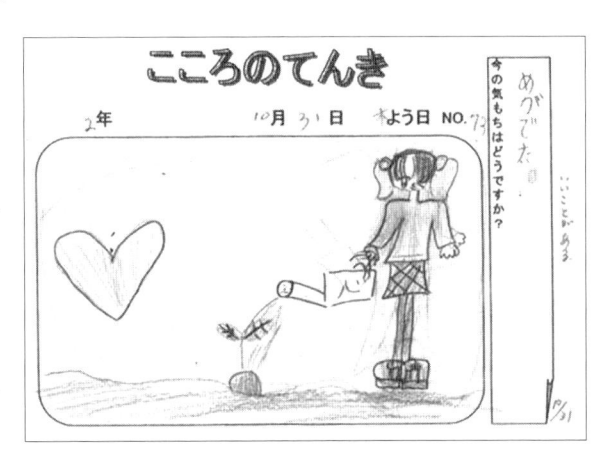

参考文献　土江正司(2008)『こころの天気を感じてごらん——子どもと親と先生に贈るフォーカシングと「甘え」の本』コスモスライブラリー.

こころの天気（大学での実践）

奥井智一朗

人数： ONE-PERSON PAIR **GROUP**　　年齢：

　「こころの天気」は、土江正司が開発した心の感じを天気として描画する技法です。私は、大学生に自己の内面に触れる体験をしてもらうために、この技法を授業で使っています。講義の中で1回のみ実施することもあるのですが、今回は定期的に行った実践を紹介します。その特徴は、描きためた描画を振り返り、感じたことをレポートとしてまとめてもらうことにあります。

やりかた

　「こころの天気」の実施法については、土江のホームページ、前出の伊達山（本書pp.34～35）をご覧ください。

たとえば

対象：大学生
　実践を行ったのは、必修科目として4年間（8期）を通して設けられている「セミナー」という授業です。この授業は、クラス担任制にて、学習面・生活面の全般にわたる様々な教育・指導が少人数（20名程度）で行われています。なお、紹介する実践は3年生を対象に実施しました。

方法：授業時間内（隔週にて実施、所要時間15分程度）
1. 授業の冒頭、出席の確認を行った後、色鉛筆セットと枠があらかじめ印刷されたA4サイズの用紙を配布します。
2. 目を閉じてもらい、現在の心の感じに気持ちを向けるように教示します。
3. 天気のイメージあるいは他のイメージがつかめたら描画を始めてもらいます。
4. 描画終了後、余白部分に題名と感じたことを記入してもらい、作品を回収します。

レポートについて：回収した作品は、レール式クリアファイルにまとめ、前・後期終了直前に学生に返却しました（後期は前・後期の作品を合わせたもの）。その上で、定期試験でのレポート課題の1つとして、"「こころの天気」を眺め、感じたことを記述すること。"という課題を出しました（800字程度）。

ふりかえり

　描きためた描画を振り返り、感じたことを言葉にする作業を通して、自分でも気づいていなかった自己の一面を知ることができたという学生が大勢います。また、気持ちの整え方や自己の内面とのつき合い方について言及する学生もいます。

　この実践は、自己理解だけではなく、クラスにおける関係づくりにも効果があると感じています。描き終える時間に個人差があるため、その時間を利用し、教員は授業時間内であっても学生と一対一で話をする機会をつくることができます。作品を媒介にすることで、会話の糸口をつかむことができますし、学生も自分の状態を話しやすくなるようです。一人ひとりの学生と話をすることで、個々の心理状態を把握した上で授業を進めることもできます。また、学生同士で心理状態を伝え合う状況が自然発生的に生じ、学生間の関係づくりにも役立っているようです。

※注意事項：「描きたくない」「なにも浮かばない」という日もあります。その場合は、描画にこだわらず、その感じが大切であると伝え、感じていることをそのまま言葉にして書いておくように促すとよいでしょう。

ひろがり

　小・中・高等学校、大学・専門学校等の学校種を問わず実施できると思います。

参考文献　土江正司　こころの天気描画法　http://sinsined.com/tenki.html
　　　　土江正司（2005）「こころの天気」『フォーカシングワークブック——楽しく、やさしい、カウンセリングトレーニング』近田輝行・日笠摩子編,日本・精神技術研究所,pp.46-48.

KOL-BE（コルビー）
ことばにならないものを表すために

アツマウト・パールシュタイン、エティ・カッツ（日笠摩子：訳）

吉澤弘明

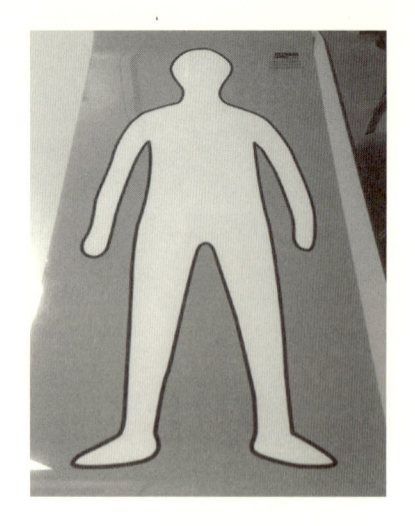

人数： ONE-PERSON　PAIR　GROUP　　年齢：

　　KOL-BE（コルビー）は、プラスチックの青い長方形に印刷された、性別や顔がない単純な人型の絵です。その上に絵や字を描いたり消したりできますし、いろいろなシンボルを置くこともできます。アートとフォーカシングを組み合わせた使いやすい道具です。これは、エティ・カッツが認知的情緒的行動的困難を抱えた子どもたちのために20年間使ってきたものです。2010年にそれを、フォーカシング指向心理療法家アツマウト・パールシュタイン博士が知り、子どもや大人にフォーカシングを促す手段として使うようになりました。パールシュタインは個人・カップル・家族・グループのセラピーにこれを取り入れ、コルビーと命名しました。コルビーはヘブライ語で「私の内側にあるすべて」「私の内側の声」という意味です。コルビーは、ジェンドリンのフォーカシング、哲学、フォーカシング指向心理療法に基づくワークです。

　X線によって身体の内側の様子がわかるように、コルビーによって、心身の両面の内側の様子がわかります。内側で感じられるまだ言葉にならない体験と、人型上に表現された色やシンボルや場所や動きの間に自然な相互作用が生じ、フォーカシングが起こります。内側をイメージで表現することで安心感が得られます。

　最初のステップは、コルビーの上に問題を置くことです。それによって問題に対する新しい視点が得られ、問題は自分の一部に過ぎないことに気づくのです。最後に、できあがったイメージの写真を撮っておくと、後からプロセスをふり返って、さらに気づきを得ることもできます。

やりかた

対象：子ども・大人・カップル・家族や集団。カップルや家族や集団で行う場合には、複数のコルビーを使うとよいでしょう。

材料：水性マジック各色、ウェットティッシュ（消しゴム代わり）、様々な性質の象徴表現の素材がたくさん入った「宝箱」。様々な大きさの石・毛糸・ビーズ・積み木・葉っぱなどを集めておきます。箱庭の材料もとてもよい材料です（後述）。

手順：コルビーを床に広げます。材料も手近に置いておきます。ファシリテーターは作り手の隣か正面に座ります。初めてコルビーを導入する際には、その役割や材料の使い方について説明します。

教示：コルビーは人の輪郭で性別や顔の表情はわかりません。服も着ていませんが、顔や服を描く必要はありません。あなたが内側で感じている、不満や悲しみや喜びなどの気持ちを、線や点や色やイメージやシンボルを使って表してください。気に入ったマジックの色を選んで、内側で感じていることを描きましょう。自由に「宝箱」から気に入ったものを選んでコルビーの上に置きましょう。

子どもにコルビーを紹介する場合：今日はゲームを持ってきました。〜ちゃんの内側の気持ちを表すための絵です。今日学校でけんかしたでしょう？ どこかの誰かに、〜ちゃんと同じようなことがあったら、どういう気持ちになるかな？ その子の気持ちをコルビーの上に描きましょう。

ポイント

コルビーのプロセスには2段階あります。

第1段階のフェルトセンスを人型に表現する段階では、伝え返しのみを使います。セッション中の伝え返しは、評価せず、受容的、客観的で、興味と好奇心を持ったフォーカシング的な態度で行います。表現の一つずつを記述するように伝え返してください。重さやリズムや線や点の強さや位置について言葉にします。例えば「ここの線は、強くて、緑で、ぎざぎざですね」。コルビー上に何か事物を置いた場合も同様です。表現の変化や動きがあるたびに伝え返しをしてください。

完成したら、ファシリテーターは、できあがったものを丁寧に描写します。コルビー上の目立つ特徴（例えば、頭の部分だけ使って他の部分には何もない等）はきちんと取り上げましょう。この過程でファシリテーターは何度も間をとって、作り手が内側のフェルトセンスから修正したり、取り除いたりできるようにしてあげてください。

第2段階では、私とそれ（コルビー上の表現）の関係を築き、対話をし、出てきたものを受け取ります。

私とそれの関係：作り手に立ち上がってコルビーを見下ろすよう勧め、次に別の2

方向から（頭からと足元から）眺めてもらいます。私とそれとの関係を促すことで、身体的・認知的・感情的に新たな統合が生まれることが期待できます。

対話をする：ファシリテーターは作り手とともに、ジェンドリンの著作『フォーカシング』の中の質問を使ってコルビー上のイメージの意味を探ります。この段階でも内側で何か新しい体験が生まれることもあります。その場合は、コルビー上の表現に変更を加えましょう。

受け取る：一段落したら、フォーカシングの第6ステップである「受け取る」という作業を提案します。ここで生まれた変化の兆しを、作り手がやさしく育んでいくよう促します。

ひろがり

コルビーは5歳以上の子どもから大人までの、恐怖・怒り・ボディイメージの低さ・多重トラウマや解離状態まで広い範囲の問題に使われてきました。また、フォーカシング実践者たちが利用することも可能です。クリアリング・ア・スペースや内なる批評家との取り組みなどの特別な実習にも活用することもできます。

たとえば：児童養護施設の心理療法への活用　（吉澤弘明）

児童養護施設入所児と心のケア

今日、児童養護施設に入所する児童の多くは、養育者からの虐待に曝されるなかで心身に大きな傷を抱えています。その傷の影響は心理及び行動面に広範で長期的な影響を与えます。他の児童や施設職員などとの間において軋轢が生じ、生きづらさを抱えている児童も少なくありません。

そのような児童の増加とともに施設内では心理的ケアがひろく行なわれるようになってきました。そのようなケアの一つとして児童が自分の気持ちに気づく力・表現する力を育む、という試みがあります。それは児童にとってその生きづらさを解消するための支援になりうると考えられます。筆者は施設における心理的ケアにおいてコルビーを導入し、児童の抱える悩みを表現、シェアするなかで、児童自身の気づきを促すとともにカウンセラーの児童理解を深める一助としています。

KOL-BE使用上の特徴

水性マジック、ウェットティッシュを用意します。大きな工夫は、前述した素材に加えて、箱庭の玩具を使用することです。

怒りや悲しみなど、児童にわだかまっているその時の「気持ち」をコルビーに描く、あるいは玩具を置くことで表現してもらいます。コルビーを初めて使用する児童には、

まず嬉しかったことや楽しかったことなど、比較的表現しやすいものから取り組みます。内面を探りつつ、描く・置くという表現作業に対する迷いや分からなさを解消し、また楽しさを体験してもらうことで、その後安心して必要な表現ができるようになると考えています。

KOL-BEを用いた児童養護施設入所児の事例

　小学４年生の男児Ａ。幼少時期にネグレクトされていたＡは大人への警戒心が強く、トラブルの際に職員から指摘されるだけで被害的に受け取ってしまうなど、職員との関係構築に困難さを抱えていました。

　Ａとの心理療法は毎週50分という枠で実施。Ａはこの日も些細なことが原因で職員への怒りを抱えたまま、相談室を訪れました。コルビーでの表現をカウンセラーが提案すると快く応じ、その時の怒りをコルビー上に表現し始めました。怒ったときに一番うずく場所についてしばらく悩んでいる様子でしたが「怒っている時は脳だね」とコルビーの頭部に戦車を置き、その砲身の前に大きい山を置きました。また両掌には大砲を置き、その砲身の先には土嚢が置かれ、頭部と両掌それぞれに大砲があるものの障害物によって発射できない様子を黙々と表現しました。〈Ａ君は大砲を三つも持ってるのか〜〉と声を掛けると「そうだよ、大変なんだよ」と、Ａが解消もままならない怒りを抱いている様子が伝わってきました。また、Ａはコルビーの上半身に神社や祭壇を置き、「これは怒られないように祈るためにあるんだ」とつぶやき、へその部分には大きな木・柵が置かれ、「職員の怒りを防ぐための木」とその役割をカウンセラーに教えてくれました。

　このようにＡが取り組んだコルビーは、激しい怒りと同時に、それを強く抑える葛藤の強さの様子が痛いほど感じられる表現となりました。

参考文献　Gendlin, E. T.（1982）『フォーカシング』村山正治他訳，福村出版．

アートのことば

小坂淑子

人数： ONE-PERSON　PAIR　GROUP　　年齢：

　このワークは、絵を描いて気持ちを整理しようとしても、すっきりして終わるだけで、フォーカシング体験のように前に進む感覚がなかなか得られなかった筆者自身の体験から、FOAT（フォーカシング指向アートセラピー）のウォーミングアップに用いるワーク（参考文献）を基に作られました。言葉を紡ぐようにアートの部分を丁寧に味わうことによって、今の自分によりぴったりした表現ができるようになります。

やりかた

対象：こどもから大人まで、安全の約束（本書pp.9-10）を守れる人が対象です。医療機関などで精神疾患のある方とも実施することができますが、安全の約束を守ることが難しい可能性のある場合は、信頼関係のできているスタッフと一対一で行うことが望ましいでしょう。

手順：八切の画用紙を半分に切り用紙1、2のように枠を描いたものを用います。画材はできるだけ沢山の種類のもの（色鉛筆、カラーペン、オイルパステル、ドライパステルなど）があることが望ましいでしょう。ファシリテーターは、最初に3つのパートの全体を説明し、安全のルールを確認します。その後、Part1（用紙1使用）、Part2（用紙2使用）では教示を行い、Part3では参加者が体験をシェアするのを手伝います。

教示：〈Part 1〉
ここではまず線を作ること、またそれがどんな風に感じられるかということを探して行きます。そ

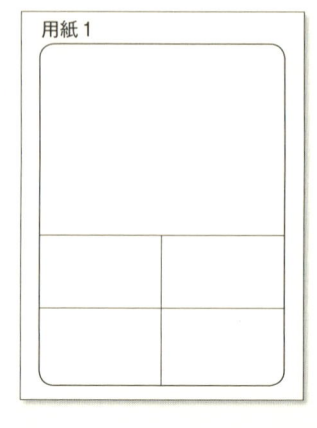

れが何に見えるかということは判断しないで、どんな線が作れるか探ったり、普段やったことのないことに挑戦したりしていきましょう。

では、使ってみたい素材や色に触れ、手に取ってみましょう。（参考文献を参考に波線、ギザギザ線、点、薄い直線および濃い直線を描きます）それでは、下の4つの枠をみてください。どこか一つの枠を選んで、円を描いていきましょう。ぐるぐる、まるいかたちを味わってみてください。次の枠に星を描き、そのぎざぎざした形を描いている感じに注意を向けてみましょう。三つ目は、空に浮かぶ雲です。最後は四角い形です。安定した四角の角を描く感じを味わっていきます。

〈Part 2〉

それでは、用紙1での体験を振り返るために少し時間をとります。線、形、色、使った画材、今のあなたにはどれが一番響くでしょうか。どれはそうではないでしょうか。今の自分に響く線、形、色を使って、ひとつのアート作品を用紙2に創りましょう。（描き終わったら）もし、タイトルがつけられそうだったらつけてみてください。下の線の上に書いても書かなくてもかまいません。その言葉が一番ぴったりかどうかを確かめてみましょう。

〈Part 3〉

それでは、どんな体験だったかを（ペアあるいはグループで）話していきましょう。（安全の約束を説明します）

ふりかえり

用紙のサイズおよび教示は標準ですので、参加者に合わせ、変更しても構いません。作品をつくる過程や体験を人に聴いてもらうことで、今の自分についての気付きが深まるようです。

ひろがり

一人やペアでも実施可能です。援助場面では、言葉で気持ちを表現することが難しいときの一対一での対話に生かせるかもしれません。

参考文献 Rappaport, L.（2009）「線、形、色を探ること：アートの言語」『フォーカシング指向アートセラピー――「からだの知恵と創造性が出会うとき」』池見陽・三宅麻希訳, 誠信書房, p.92.

体験過程流コラージュワーク

矢野キエ

人数：ONE-PERSON　PAIR　GROUP　　年齢：

　体験過程流コラージュワークは、フォーカシングで用いられてきたコラージュワークをまとめたものです。コラージュ療法という広く発展したものがありますが、これとは少し趣を異にします。体験過程流コラージュワークは、フェルトセンスに注目し、相互作用を大事にしているのです。

　ワークの大きな特徴は、コラージュを作製したあとに、コラージュの作り手がコラージュを眺め、どのように感じるかなどを話し、聴いてもらうことです。単なる写真や絵の説明ではなく、作り手にとってはどのように見え、感じられるかに注目します。作り手と聴き手が、視覚的に共有されるコラージュを間にして、コラージュを味わい、感じたことを伝え合うのです。そうして作り手の体験は推進され、新しい理解が生まれ、新しい意味が創造されるのです。つまり、コラージュを作製して終わりではなく、またコラージュは完成された作品でもなく、ここからさらにもっと、可能性に開かれているのです。

　ワーク終了時に作り手は、コラージュが何か違って見えたり、今の自分を認められたような感じがしたり、「明日からもがんばろう！」と思えたり、次へのエネルギーを感じたりすることもあります。援助者は、しっかりそこにいて自由な雰囲気を作り、フェルトセンスが生き生きと働くように場を守ることが重要です。

やりかた

対象：小学生から大人まで
準備物：ハサミ、ノリ、雑誌、色画用紙数色（四つ切など）
手順：〈作る〉と〈味わう〉があります。

〈コラージュを作る〉
　作る前に、ゆっくりと呼吸をして、気持ちを落ち着かせてから始めてもよいでしょう。色画用紙を選び、雑誌から気になるものを切り取り、画用紙に貼ります。教示は

とくに決まったものはありませんが、フェルトセンスを大事にするために、次のような例があります。
「あらかじめ色を決めないで、画用紙を見て目に留まった色、気になる色を選んでみましょう。」
「今の気分に合う色はどの色でしょう。」
「あらかじめテーマを決めないで、なんとなく気になったものや目に留まったものを、自由に切り取っていきましょう。手でちぎってもいいです。なぜ切り取ったのかなど、深く考えず、思うままにやってみましょう。」
「切り取ったものを自由に画用紙に貼ります。なんとなくここがいい、ここがぴったりと思ったら、そのような感覚で貼っていきましょう。」

〈コラージュを味わう〉
　作り手がコラージュについて話したいことを自由に話します。次のように教示をしてもよいでしょう。
「コラージュを眺めながら、話したいことを話してみてください。話したくないことは話さなくていいです。できるだけゆっくりと眺め、味わいながら話してみましょう。また、写真や絵の説明もよいのですが、できたら、それを見てどんな感じがするか言葉にしてみましょう。」
　聴き手は一緒にコラージュを味わい、質問があれば自由に質問しますが、お仕着せにならないように気をつけます。また、作り手が充分に話したら、聴き手が感じたことを伝えてみるとよいでしょう。これも押しつけにならないようにします。「**私にはこう見えるけど**」「**私はこう感じたけど、どうかなあ？**」のように伝えるとよいでしょう。
　作り手の体験が促進される次のような問いかけがあります。

問いかけの例
「○○を見ていると、どんな感じがしますか？」
「もし○○があなたに話しかけているとしたら何と言っているでしょう？」
「もしこの○○になってみるとどんな感じですか？」
「これのどんなところが気に入ったのでしょう？」
「ここから、何か伝わってくる感じはありますか？」

たとえば

①４、５人の小グループ全体で〈コラージュを味わう〉を行うこともあります。皆の前で作り手が順番に話をし、他の人が感じたことを自由に伝えます。メンバーからのコメントは、作り手に異なった視点を与えることが多く、それがまた刺激となっ

て新たなフェルトセンスを呼び起し、新しい気づきへとつながります。さらに相互のやり取りは、作り手だけでなく、メンバー全体に刺激をもたらすことになります。

②一対一のセッションとして継続して行うこともあります。この場合は、コラージュから見出される意味の一つひとつが、作り手の生に深く関わっていくことでしょう。

ふりかえり

①雑誌はできるだけいろいろな種類のものがあるとよいでしょう。色画用紙も数色あると選びやすいので、できるだけ多くの色があるとよいでしょう。

②テーマを設定しない、深く考えないなどの教示は、なんとなく感じられている感覚を大切にするためです。たとえば、切り抜きを画用紙のどこにどのように貼るかなども、フェルトセンスに照らし合わせて行っています。そのために「なんとなく」の感じを大事にするようにと伝えます。

③コラージュを味わうときは、ペアやグループで行い、お互いに聴き合います。組み合わせ人数や一人の持ち時間は参加者の様子や全体の時間枠に応じて決めます。

④作り手がコラージュについて話すときは、コラージュを囲んでのゆったりとした空間づくりが重要です。聴き手もコラージュをじっくりと眺め、どんな感じがするか感じてみることも大切です。

⑤フェルトセンスが感じられるような問いかけを行うと効果的です。問いかけたあとは、そこに留まってしばし待ってみましょう。フェルトセンスはゆっくりとやって来ることが多いようです。しかし、問いかけが作り手にぴんと来なかった場合は、すぐに取り下げます。

⑥コラージュを一緒にじっくり見たり話を聴いて味わったあとに、聴き手に感じられたことを伝えるとよいでしょう。

⑦どのように〈コラージュを味わう〉かは、時間や対象にもよります。すべての切り抜きについて聴く、話し手が関わってみたい切り抜きについて関わる、作り手が話したいことを話し、聴き手が何か伝えたいことがあれば伝える、全体を眺めてどんな感じがするか、やってみてどうかなどを聴き、テーマをつけて終わるなどいろいろなやりかたがあります。時間がないときは、次の機会に改めて聴いてもよいのです。切り抜きを貼る台紙の大きさを変えてみるのも時間節約になります。

ひろがり

フェルトセンスを大切にし、そこから言葉が生まれること、様々な相互作用を考えると、いろいろな工夫ができそうです。"他者とのふれあい"を取り入れた「カンバセーション・コラージュワーク」の試みもあります（矢野, 2012）。上記の方法でコ

ラージュを作り、お互いに聴き合ったあと、他者のコラージュの周りにプレゼントしたい切抜きを貼ってあげるのです。台紙も小さ目のもの（A4版の1/2など）を使います。自己や他者理解、他者とのつながりに重点を置いています。

〈コラージュを味わう〉をまとめてみると……。

1．作り手と聴き手が、コラージュを大事に、じっくりと味わえるように座る。
2．一緒にコラージュを眺め、味わう。
 ・作り手が、コラージュを見て話したいことを自由に話す。
 ・聴き手は、作り手の話を聴き、コラージュをじっくり眺めつつ、問いかけをする。自由に質問をする。感じたことを伝える。
 ＊聴き手に感じられてくる感じにも注目しておきましょう。

〈コラージュを味わう〉では、コラージュを間にして、複雑に相互作用が生じています。ときに作り手と聴き手のフェルトセンスが響き合うこともあるでしょう。コラージュを眺めていると何かが感じられ、そこから言葉になっていきます。言葉にして伝える、伝えた言葉が返ってくる、聴き手に感じられたことが伝えられる、コラージュを眺める、新たな連想が浮かぶ……。これらは、フェルトセンスを変化させ、あるいは新たなフェルトセンスを呼び起こします。そして、そこからまた言葉が生じていきます。さらにフェルトセンスが変化すると、コラージュは違って見えてくることもあります。するとそこから新たなフェルトセンス、言葉が……。このようなフェルトセンスとコラージュ、言葉、聴き手の存在との絶え間ない相互作用が起こり、新しい意味が創造されるのです。

参考文献　池見陽（2010）『僕のフォーカシング＝カウンセリング──ひとときの生を言い表す』創元社.
　　　　　矢野キエ（2010）「体験過程流コラージュワークと意味の創造」『人間性心理学研究』28(1), pp.63-76.
　　　　　矢野キエ（2012）「自己理解と他者理解のためのカンバセーション・コラージュワーク──他者との関わりから生まれるもの」『大阪キリスト教短期大学紀要』52, pp.75-86.

言葉の種探し
フォーカシングからの詩作り

長谷賢一

「言葉の種」は、日常生活から生まれた「フェルトセンス」と付き合うことによって、自分の「からだ」からプレゼントされます。

ジェンドリンの創造的思考法Thinking At the Edgeの「ステップ8：交差」を用い、「独自の知」を言語化します。「種」は詩的（象徴・比喩化）言語を発芽し、あなただけでなく他者の感情プロセスにも花を咲かせます。

やりかた

対象：小学生高学年〜成人（1人〜ペア）
手順：ワークシートと共に進めます。
教示：「今、ここで表現したいテーマ」についてフォーカシングしましょう。

1. **短文つくり**：フォーカサーは、今のフォーカシングをふり返り、テーマについての短文を書きます。短文の中で気になる言葉に下線を引きましょう。
2. **キーワードを5つ選び、感じましょう**：1.の気になる言葉から5つを選び、ワークシートのＡＢＣＤＥに書きます。5つの言葉について、それぞれ感じること（貴方なりの意味）を書き留めます。
3. 最も大切にしたい言葉を ☐ で囲みます
4. **組み合わせます**：残りの4つのワードから、2つずつ選び結びます（たとえばの

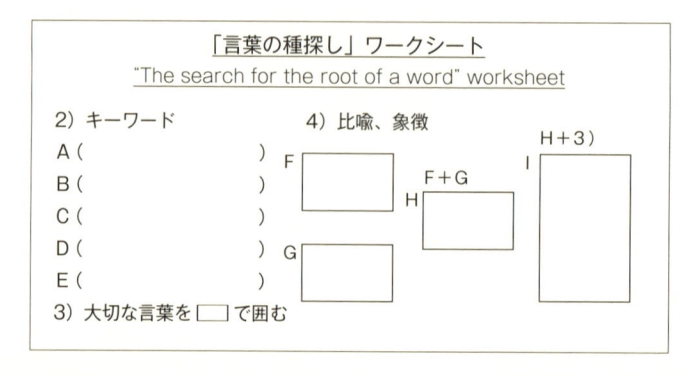

```
            「言葉の種探し」ワークシート
       "The search for the root of a word" worksheet

    2) キーワード      4) 比喩、象徴
    A (        )    ┌─────┐              ┌─────┐
    B (        )    │  F  │   F+G       │ H+3)│
    C (        )    │     │  ┌───┐      │  I  │
    D (        )    └─────┘  │ H │      │     │
    E (        )    ┌─────┐  └───┘      └─────┘
                    │  G  │
    3) 大切な言葉を☐で囲む
                    └─────┘
```

３．ではＢとＣ、ＤとＥを結んでいる）。組にした言葉を同時に感じてみて、次の語が浮かんでくるのを待ちましょう。それ（フェルトセンスの象徴化）をＦとＧに書きます。ＦとＧも組にしてみて、Ｈの言葉を生みます。最後にＨと☐で囲んだキーワードを組にして、Ｉに言葉を生み書き留めます。

言葉の種探しから詩を作りましょう

5．フェルトセンスの世界を豊かにします：記入した「言葉の種探し」ワークシート全体を眺めてフェルトセンスの４つの側面をそれぞれ感じて、下記に記入します。

からだの感じ	イメージ
日常の事柄	気持ち

6．あなたの詩的世界を見つけましょう：貴方の詩の主人公にふさわしいものは何でしょうか？ 主人公になってみて、次の質問に答えてください。（ペアの時はリスナーが質問をします。）
 a．あなたは誰？ どこにいるの？
 b．あなたは、どんなふうに（どんな感じで）そこにいるの？
 c．あなたの周りは、何が見える？ 他に誰かいるの？
 d．あなたは、そこにいてどんな気持ちなの？
 e．あなたは、どんなことを伝えたいの？
 f．あなたに必要なものがある？ こんなふうに変化したらいいなと思うものがある？
 g．あなたは今、何を感じているの？

7．**簡単な物語を作り、詩にしてみましょう**：ここまでのあなたのワークをふり返り、簡単な物語を作ってみましょう。絵を描いてもいいです。
　その物語の一文一文を、短く表現してみましょう。あなたの言葉の感じや比喩を大事に織り込みながら、言葉や語句の順序を入れ替えたり、やがてやってくる身体と心のリズムにあわせて「詩」を創ってみましょう。

たとえば

テーマ 「いいわけ」

1. 『「いいわけ」とは、自分に対してと、他者に対しての2種類があります。自分には、暗示をかけるように〜だからいいのだ。私はそのやり方を知っているので、反省がある一方で、開放感も感じるのです。
   他者に対しては、準備する時（自らを守ろうと理論で武装する）と、即時的な時（危険な関係から逃れるためにとっさに思いつくもの）があります。どちらも言い尽くされた一般的な発言になる感じがします。』

2. 略

3. 4.

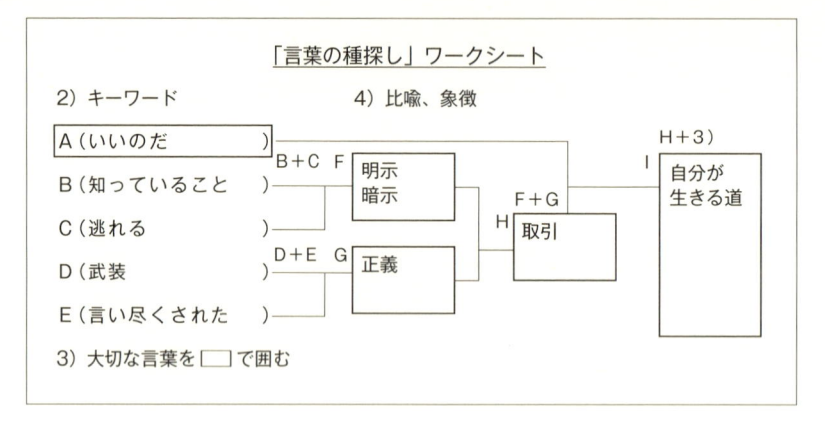

```
         「言葉の種探し」ワークシート
  2）キーワード           4）比喩、象徴
                                           H＋3）
  A（いいのだ      ）               ┌─────┐
                   B＋C  ┌─────┐   │ I     │
  B（知っていること ）    │ 明示 │   │ 自分が │
                         │ 暗示 │F＋G│ 生きる道│
  C（逃れる       ）     └─────┘   │       │
                                 H ┌───┐ │       │
  D（武装        ）     ┌─────┐  │取引│ │       │
                   D＋E │ 正義 │  └───┘ └─────┘
  E（言い尽くされた ）   └─────┘

  3）大切な言葉を□で囲む
```

5.

からだの感じ	イメージ
喉が締まったり緩んだり	馬に乗り、手綱を引いている武士

日常の事柄	気持ち
早くその問題を終了させる	焦り、逃げ出したい、後悔

6. 略

7. **簡単な物語を作り、詩にしてみよう**：私の鎧は引きちぎられ、もはや同志も多くが倒れた。余裕がない私を知ってか、馬も時に止まるようになる。止まるな考えるな……私はひるがえり、味方だった方に立ち向かう。⇒詩創作へ（作品は http://blogs.yahoo.co.jp/k120hase ）

ふりかえり

解説とポイント

4.のワークは、すでに「関係性」がある（偶然でない）「キーワード」を組にし、「交

差（フェルトセンスと今の状況を関係づける）」から「比喩」を生み出します。「比喩」は類似性に気づくのではなく、語aと語bの持つ「……」と環境との相互作用によって発見されるのです。「比喩」は心理療法にとっても、詩にとっても大変重要なものです。より「新しい世界（含意、感情、言葉、気持ち、行動）」が「創造」されるからです。このときの感情プロセスは推進力をもっています。これは、作者自身だけではなく、他者の感情プロセスに影響をあたえることができます。比喩は他者にとっても何らかの意味があるからです。

　私の尊敬する詩人萩原朔太郎も「詩は生きて働く心理学」と書いています。

効果

　このワークは、名古屋のグループで発展しました。はじめは、「詩などとても書けない」と言っていた方が、作品を完成させ皆の前で発表される姿は感動的です。ワークシートだけでもジェンドリンの「交差」を体験し、「私の言いたかったことはこれだ」「こんな言葉が出てくるなんて」と『新たな発見と創造』が同時に起こります。ジェンドリンが言う「その暗黙のものは表現によって変化するのだ。単なる変化ではなく、それまで……であったあの緊張を緩めるのだ。そして、推進されるのだ」を体験できるワークです。

注意事項

- 最初にクリアリング・ア・スペースをしてもいいです。
- 作品になるまでは個々のペースがあるのでそれを大事にしてください。
- リスナーがいてくれた方がより深くフェルトセンスに触れることができます。

ひろがり

- このワークシートをより展開し、人生（職業）興味ワークを開発中です。
- 社会人グループのみならず教育現場での発展研究も期待しています。

参考文献　Purton, C.（2006）『パーソン・センタード・セラピー――フォーカシング指向の観点から』日笠摩子訳，金剛出版.
　　　　　Gendlin, E.T.　村里忠之訳（1995）「交差と浸ること――自然的理解と論理構成との境界面に迫るための幾つかの用語」『心と機械』第5巻.
　　　　　萩原朔太郎（1981）「月に吠える」『萩原朔太郎詩集』三好達治編，岩波書店.

（協力　なごやフォーカサーズメンバー）

第 3 章

ひととのかかわり

トラスト・ワーク
ことばを使わない傾聴訓練

日笠摩子・堀尾直美

人数： 年齢：

　ここで紹介する実習は、エクアドルの貧困地域援助の一環として、フォーカシングを短時間で集団に教える方法を工夫してきたウィリアム・エルナンデスの3時間ワークショップの後半部分です。彼は前半で、沈黙の間をとることでフェルトセンスを感じることを促し（本書「ポージング」pp.20-23参照）、後半で、人に対する共感的傾聴の基礎を教えています。ここでは「ことばを使わない傾聴訓練」と題しました。話を聴く前提として、相手の存在に寄り添う姿勢を学びましょう。

やりかた

対象：小学生高学年以上。6人以上30人以下のグループ。エルナンデスは、フォーカシングを知らない人に対しての方が効果的だと言いますが、私はフォーカシングを知っている人にも新鮮で有効だと思います。一般的コミュニケーション・スキル訓練から臨床家の訓練まで、共感的傾聴を学びたい人はすべて対象になりえます。

　以下、実習ごとに手順を示しましょう。

【実習1】ものを触覚で感じて表現する
目的：ことばや視覚による情報がない場合、同じ物体でも人によって時によって、感じ方がずいぶん異なることを知るための実習です。人の体験世界は多様なので、リスニングに際しても、相手の世界を共感するためには、勝手な憶測ではなく、相手に教えてもらう必要があることを実感できます。
準備するもの：身近にある掌に収まるくらいの小さなもの。貝殻、消しゴム、印鑑等、何でもかまいません。箱庭のミニチュアは材料の宝庫です。
手順：輪になります。グループが大きいと時間がかかるので、6〜10人程度の小グループに分かれて輪になるといいでしょう。

1．ファシリテーターは対象物を見せないよう注意しながら、グループの一人の手の平に載せて握ってもらいます。
2．「手の中のものはどんな風に感じられますか。見ないで手の感触から答えてください」と尋ねます。それに対してAさんが「軽い」と答えたら、ファシリテーターは**「それはどんな軽さでしょう」**とさらに表現を促します。例えば「小石よりも軽い」→「なくなったら気づくくらいの重さ」など。その過程で、言葉に詰まり、沈黙・間が生まれますが、そのプロセスも大切にしてください。
3．Aさんが表現したら、対象物を自分にも他の人にも見えないよう注意しながら、隣の人Bに渡します。Bさんも触感で対象物を感じて表現します。
4．グループの場合、全員に同様に体験してもらいます。
5．全員に回ってAさんに戻ってきたら、Aさんにもう一度その対象物を持ってもらい**「先ほどと比べて、どうでしょうか？　今新鮮に感じ直したらどんな感じでしょう」**と問いかけ、今の感じを表現してもらいます。初回とはずいぶん感じが変わったと驚いて報告されることが多いものです。

学び：この体験は思った以上に興味深く、盛り上がります。対象が何であるかをことばや視覚で知ってしまうと気づかないような微妙な感触を私たちは触覚や圧覚で感じ取ります。しかも、同じ対象なのに感じ方は人によってずいぶん異なります。一つの対象物でさえ、これだけ受け取り方が違うのですから、人が生きている状況全体のとらえ方は、さらに人さまざまです。ここから、自分が感じていることを当然相手も感じていると思い込むのは間違いだと実感されます。リスニングの心得として、共感的に話を聴くためには、自分の思いこみは相手の感じていることとはずれている可能性が高いこと、相手がどう感じているかを教えてもらいながら従っていくことが重要であること、を確認する機会になります。

　　また、同じものであっても二度目に回ってきたときには違って感じられることから、同じ人でも、時によって、感じ方が変わることにも気づかされます。

【実習2】トラスト・ワーク：お互いに相手に従う体験

目的：ことばを使わずに、相手に合わせていく体験をします。リスニングの基本姿勢である相手に従っていく感覚を体得します。

準備するもの：30cm程度の棒。割りばし、ペンや鉛筆、木の枝など、両端を人差し指だけで支えられるような棒状のもの。画用紙。クレヨンあるいは色鉛筆。

手順：1．《ペアを作る》参加者が一人ずつ順番に1、2、1、2と番号を言いながら、連続する1の人と2の人がペアになって向かいあいます。

2．《お互いに合わせて動く》まず、ファシリテーターともう一人の参加者で
デモをします。40秒程度、二人が棒の両端を人差し指で支えてお互いに
相手に合わせて動きます。「声を出さず、お互いに相手に同行するつもり
で合わせて動きましょう。相手の動きに合わせて動くことで、棒を落とさ
ないようにしながら動きましょう。」その間に棒を配布し、音楽があれば
音楽を流します。

〈パート1〉　1分半。デモと同様に、お互いに相手に合わせて動きます。
〈パート2〉　1分半。「そのまま1番の人だけ目を閉じましょう。2番の
　　　　　　人は目を開けて、相手に従います。」
〈パート3〉　1分半。「目を閉じる方を交替します。」
〈パート4〉　1分半。最後に「両方とも目を閉じて、棒を支える指を通し
　　　　　　て相手を感じながら、お互いに相手に添って動きましょう。」

3．《感じたことを描画する》終わったら、周辺で画用紙と画材を提供して、「画
用紙にクレヨン・色鉛筆で自分が感じたことを描いてください」と指示し
ます。5〜7分。

4．《シェアリング》一人ずつ、絵に描いた体験の印象の中でことばにできる
ことを「私が感じたのは……」という形式で、1つから3つ挙げてもらい
ます。シェアリングの際の留意点として、I-message（私は〜感じた）と
You-message（うまく行った。相手が〜した等）の区別をする必要があり
ます。自分の感じたことの絵に基づいて、「私は〜と感じた」という形で
語ってもらうことで、自然に I-message になるようです。

　その語りを、ファシリテーターが共感的に伝え返します。一巡後、ファ
シリテーターが自分のリスニングの特徴を確認することで、解釈も質問も
助言も評価もしないで寄り添うだけで、共感的にわかってもらえたという
体験になることを確認します。

たとえば

　フォーカシング研究所のウェブサイトでは、エクアドルの学校の先生たちに、生徒との関係を教えるものと教わるものという権威的な関係から、ともに学び合う者同士の関係に変えていくために導入された実践例が紹介されています。私（日笠）は、大学・大学院での臨床心理学の演習で何回か行ってみました。ロールプレイでの傾聴訓練をすでに行っていた学生たちでしたが、頭を使っての応答練習よりも、相手に寄り添う姿勢が体験的にわかったという感想が聞かれました。

ひろがり

　ここでリスニングの基本姿勢を確認するためのワークとして紹介しましたが、参加者は意図した目的以外にもそれぞれに多様な体験をします。例えば、実習1では「わからないからこそ、微妙なところ、いつもと全然異なる側面が見えてくる」「そのものが何かわかってしまうと、微妙なところを感じなくなる」など、人間がものをとらえる上での言語や視覚の力の影響の大きさを感じるような発見もありました。実習2からは「目を閉じた方が相手が添ってくれるので大胆になれる」とか「意図的に何かをしようとすると棒を落としてしまいます、そのときの動きにまかせた方がいい」などの感想も聞かれます。

　この2つの実習は、リスニングの準備としてだけでなく、私たちの状況を感じ取る感受性の訓練や、フェルトセンシングの練習としても用いることができます。情報や行動を制限をされるからこそ、新たな感受性が開けることに気づけるワークともなるのではないでしょうか。

参考文献　William HernandezによるFondo Ecuatoriano de Cooperación para elDesarrollo（http://www.fecd.org.ec/index.php/en）や
　　　　　　Focusing and Overcoming Extreme Poverty in Ecuador（http://www.focusing.org/docs/fotconfppt/index.html）を参照。

悪魔のリスニング・天使のリスニング

日笠摩子

人数： 年齢：

　このワークは、気持ちがいい聴き方（天使のリスニング）と、その真逆の気分の悪くなる聴き方（悪魔のリスニング）を意識化するためのものです。両極端を演じてみて、それぞれの態度の聴き手を前にして、話し手がどう感じるかを体験してもらうワークです。そもそも、プロセス指向心理学のアーノルド・ミンデルが傾聴の練習法としてワークショップで紹介したものを青木聡が大正大学臨床心理学の授業で用いるために工夫したものです。その授業を共同担当してその効果の大きさに感激した日笠は、さまざまな入門的傾聴訓練で導入に用いています。リスニングの基本姿勢を確認するための効果的な方法です。

やりかた

対象：話を聞く姿勢を学びたい人。中学生以上。グループワークなので、学級や地域コミュニティでお互いを尊重する風土を作りたいときにも有効です。

手順：〈パート1〉悪魔の聴き手とは？　天使の聴き手とは？：4～6人の小グループで、最低の聴き手（悪魔）と最高の聴き手（天使）の特徴を話し合います。後にそれぞれの役になるためのイメージ作りになります。

　〈パート2〉悪魔のリスナーになる体験、悪魔に聞いてもらう体験：皆、それぞれに悪魔の聴き手の役作りをしましょう。悪魔の聴き手にはいくつかタイプがあります。どのタイプの悪魔になるか決めましょう。／話のテーマは自分の好きなこと、自分にとって楽しいことです。何を話すか決めましょう。／Aさんが楽しいことを語り、悪魔に乗り移られたBさんに聞いてもらいます。／時間は2分です。その間は二人とも役になりきって演じてください。時間は一定にして、ファシリテーターが終わりを合図します。1分半か2分が適当です。次の天使のリスナーの体験と厳密に同じ時間にします。

　次にBさんが話し手になって、Cさんに聞いてもらいます。順番に、聴いた人が次に話し手になって、一巡します。（ラウンドロビン）／　終わったら、本

当の自分になって今の体験の感想を一言だけ話して、次の順番に回りましょう。

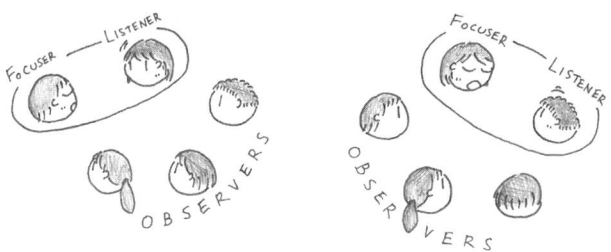

ラウンドロビンのやり方

　順番の回り方は、図のように、話し手が次に聴き手になって、新しい話し手の話を聴く形で一巡します。時間の余裕のない場合には、ペアでの実習も可能です。

〈パート３〉天使の聴き手になる体験、天使に聴いてもらう体験：今度は天使の特徴を思い出して、天使の聴き手になりましょう。／話のテーマは、最近の嫌な出来事、ちょっと腹が立ったことなど否定的な話題にします。

　パート２と同様、２分間のロールプレイ後、印象を話してから、次に進みます。

〈パート４〉ふりかえり：悪魔に聞いてもらった体験、天使に聞いてもらった体験をもう一度思い出して、それぞれの印象を比較して、ことばにしておきましょう。

たとえば

　大正大学臨床心理学科の傾聴訓練では、悪魔と天使という比喩によって楽しい雰囲気でロールプレイの導入ができました。悪魔を演じるのも楽しいものです。

　悪魔の聴き手のイメージ作りでは、種類の違ういくつかの悪魔が登場するのが常です。携帯など他のことをして聞く気のない悪魔、批判的否定的な悪魔、自分勝手に話を奪ってしまう悪魔、などいくつかのタイプが登場します。悪魔のリスナーには「腹が立つ」「悲しくなる」「しゃべりたくなくなる」「楽しい話のはずなのに本当はつまんないことのように思えてくる」などの感想が聞かれます。

　天使に聴いてもらった場合には「もっと話したくなる」「時間が短く感じる」「嫌な話も聴いてもらえるとうれしくなった」という感想が聞かれるのが常です。

ポイント

　この方法のよさは、悪魔を相手にするときの想像以上のダメージの大きさを実感できることです。同時に、日常でもこういうことがあることにも気づかされます。関心を持って聴く姿勢の大切さを再確認できます。

3つの椅子の実習

日笠摩子・堀尾直美

　ロバート・リーの「ドメイン・フォーカシング」に着想を得た、リスニング練習法です。フォーカサーが事柄、フェルトセンス、自己共感の3つの椅子を移動しながらフォーカシングするので、フォーカサーが今行っていることの領域（ドメイン）が見て分かることが、この練習法の利点です。フォーカサーは出来事の話や考えや認知を話す時には事柄の椅子に座ります。フェルトセンスの椅子は、フェルトセンスを感じる、表現する、認める、受け取る等を行う時の椅子です。自己共感の椅子は、フェルトセンスを思いやったりフォーカシング的態度を自分に向けたりする時の椅子です。

やりかた

対象：フォーカシングとリスニングの基礎をすでに学んでいる方のリスニング練習、特にガイディング（提案）の練習をしたい方。

手順：グループで、自分がどの領域の作業を行っているかわかる熟練したフォーカサー(講師)がフォーカサーの役割をして、参加者皆でリスナーをします。人数が多い時は、担当する領域を決めておいてもよいでしょう。3つ椅子を用意します。フォーカサーはフォーカシングしながら、今自分が行っている領域に該当する椅子に座ります。提案が欲しい時には身ぶりやことばで求めます。

　リスナーは傾聴の応答に加えて、フォーカサーに求められたり自分が必要と思った

らガイディングの提案をしてみます。

たとえば

　どんなふうに行うか、少し例示します。
　フォーカサーが事柄の椅子に座り、「仕事のことで」と話し出します。その内容の理解の伝え返しは、事柄担当のリスナーが行います。その後、フォーカサーがフェルトセンスの椅子に座ったら、すかさずフェルトセンス担当のリスナーが〈そのこと全体を眺めてみて自分の内側ではどんな反応が起きるか、感じてみましょうか〉と提案しましょう。フォーカサーが感じられたことを言葉にし始めたら、フェルトセンス担当のリスナーが伝え返しを行います。もし、フォーカサーが「こんなこと言っちゃいけないんですけど」などと自己批判的な発言をしたら、自己共感担当リスナーの出番です。〈それが出てくるにはそれなりの訳があるんだろうなとやさしい気持ちを向けましょう〉等の提案しましょう。フォーカサーは自己共感の椅子に座り、その提案を行ってみることでしょう。
　それぞれの領域で必要なガイディングのフレーズは、『フォーカシングガイド・マニュアル』（コーネル，1996）を参照してください。

ポイント

　リスナーは担当した領域のフレーズを言ってみることで、認めることや伝え返し一本槍にならずに、リスニングのバリエーションを増やすことができます。
　フォーカシングのリスニングを学び始めて間もない人にとっては、提案を求められるのはプレッシャーになりかねません。まだ出来ない人は出来ないままでいられるような配慮が必要です。
　領域という考え方やこの方法に慣れていない人のためには、どの椅子がどの領域であるか貼り紙などで示すと、やり始めの混乱を減らせるでしょう。

参考文献　近田輝行・日笠摩子編著（2005）『フォーカシング・ワークブック──楽しく、やさしい、カウンセリングトレーニング』日本・精神技術研究所．
　　　　　Cornell, A.W.（1996）『フォーカシングガイド・マニュアル』村瀬孝雄監訳，大澤美枝子・日笠摩子訳，金剛出版．

話し手に教えてもらう方法

日笠摩子

人数： 年齢：

　1996年、私はフォーカシング研究所のフォーカシング・リスナー訓練のワークショップに参加して、FTA（Focuser as Teacherフォーカサーに教えてもらう方法）という傾聴の方法に出会い、「こんなにも楽に共感的な聴き方ができるのだ！」と目からうろこの体験をしました。この方法は、フォーカシングのリスニングに限らず、通常の話を共感的に聴くためにも役立ちます。それをここで「話し手に教えてもらう方法」として紹介したいと思います。

　カウンセリングの傾聴訓練では逐語記録の検討をしますが、後から聴き方の至らない点に気づいたり指摘されたりして「失敗した、だめだ」と落ち込むことが少なくありません。しかし、「話し手に教えてもらう方法」では落ち込む必要はありません。聴き手の応答は間違っていることが前提です。だからこそ理解を伝え返し、その理解を話し手に確かめてもらい、違っていたら教えてもらうのです。

　この姿勢はジェンドリンの応答の基本です。ジェンドリンは「修正してもらうために応答する」ことを強調します。ニール・フリードマンは「聴き手からの伝え返し」と「話し手の内側の確かめ」の両方を合わせたプロセスを「体験的傾聴」と命名しました。このような体験的傾聴ができるようになるための練習の枠組みがジャネット・クラインがモデル化した「話し手に教えてもらう方法」です。

やりかた

対象：共感的傾聴を学びたい人。自分の気持ちに触れる話をしながら、聴き手からの伝え返しを自分の気持ちと照合するという内省的作業を行わなくてはならないので、大人（思春期以降）でないと難しいでしょう。フォーカシングを知っている必要はありませんが、伝え返しによる傾聴は理解している必要があります。

手順：話し手の作業が複雑なので、まず、このやり方に慣れた人が話し手をして、下手な聴き手を募ってデモンストレーションをしながら、手順を説明します。丁寧に導入するには、「近づく実習」や「批判とフィードバックの区別」の実習（近

田・日笠，2005, pp. 114-134）などで準備をした方がいいかもしれません。
教示：話し手と聴き手の2人でも練習できますが、最初は手順を守るための監視人でもあるオブザーバーを加えて3人1組を作りましょう。

　まず、何を話すか決める時間をとります。①自分の気持ちが動く話題（楽しい話題もOK）で、②10分程度で話せる話題、③グループで一緒になった人にわかってもらいたい話題、を選びましょう。その話題のタイトルを覚えておきましょう。

　次に、3人組の中で話し手・聴き手・オブザーバーの役割を決めます。（後で順番を交替して全員が体験できるようにします）。

　話し手は、話し始める前に、もう一度話題を思い出し、そのことでいちばん大事なポイントを確かめます。そこから話し始め、いつもそのわかってもらいたい気持ちに立ち戻って、その感じを聴き手にわかってもらえているかどうか、確認しながら話を進めましょう。

　次の手順を守りながらやりとりをします。窮屈かもしれませんが、枠組みをきちんと守ってください。

1．話し手は、自分の気持ちに触れる話題について一区切り話します。あまり長くならないよう、リスナーが覚えていられる分量でいったんとめてください。
2．リスナーは、話を自分に取り込んで、その話のエッセンス、自分の実感に触れる要だけを伝え返します。できるだけ短く返しましょう。
3．<u>話し手は、リスナーの伝え返しを聴いて、それでわかってもらえたと感じるかどうかを確認します。</u>
4．<u>話し手は、3．の内面での確かめに基づいて、リスナーにフィードバックを与えます。</u>「そうそう、その通り」「っていうか……」「さっきはそうだったけど、今は……」というようなフィードバックになります。
5．リスナーは、そのフィードバックを取り入れて、応答を修正します。
　　この枠組みで1．〜5．を繰り返して話し手が納得いくところまで、あるいは、10分間の時間制限まで話します。時間がきたら、最後に共感的理解の最終確認テストをしましょう。
6．話し手とリスナーの両方が、今の話全体を味わい直し、そのエッセンスをとらえます。それを詩のような表現やイメージ、比喩などで、端的に表しましょう。今度はリスナーからそれを伝えて、話し手がその表現でわかってもらえたと感じるかどうかを最終チェックしましょう。（二重の共感のとき：本書「インタラクティブ・フォーカシング」pp.67-68参照）

最後に、話し手はちゃんと共感を聴き手に教えたかどうか、聴き手は教えてもらったかどうかを確認しましょう。そして、役割交替して、次の番に回ります。話し手だった人がオブザーバーに回り、オブザーバーが聴き手に、聴き手が話し手に回るという順番がスムーズだと思います。

ポイント

手順は簡単ですが、実際にやるのは案外難しいものです。努力している聴き手に対して、話し手はなかなか正直に「そうではなくて」とは言いにくいものです。しかし「まあ、いいか」と妥協していると、自分の気持ちもないがしろにすることになります。何より、共感を教える教師としての役割が果たせません。話し手は、共感しようとしてくれている聴き手の努力を認め批判にならないようにしながらも、自分にとって必要な応答を求めましょう。そのためのコツは、つねに自分のフェルトセンスに基づきながら、自分の必要をIメッセージで「私にはこちらが大事」「私は……と言ってほしい」と発信することです。

話し手は、内容の理解のズレを修正するだけでなく、聴き手からもらいたい応答を求めたり、反応のペースや長さについての希望を伝えたり、感情や抑揚をつけてほしいと伝えたりすることもできます。

このやり方の特徴は、なんと言っても、オンタイムで、そのときそのときに修正がもらえることです。ですから、一時的には聞き逃したり誤解したりしていても、すぐに話し手が修正してくれるので、やり取りをとおして寄り添うことができるのです。また、そうやって共感してもらうことによって、話し手の気持ちも変化していきますので、いつも話し手が先行して、気持ちを分かち合っていくプロセスはずっと続いていきます。大切なのは、聴き手が話し手からのフィードバックを歓迎することです。聴き手はフィードバックをもらうことで、より話し手に寄り添えます。そして、何より話を進める主体性を話し手が持つことができます。

このやり方は聴き手の共感的傾聴を育むだけでなく、話し手側にも大きな利益があります。聴き手がわかってくれているかどうかを確かめる作業は、フォーカシングの共鳴の作業そのものです。つまり、この作業を丁寧に行うことは、話し手側にフォーカシングを促すことにもなるのです。「話し手に教えてもらう方法」は、聴き手としては簡単に共感的に理解に至る方法でもあり、話し手としてはフォーカシングが促進される方法でもあるのです。一挙両得の方法なのです。

たとえば

この方法は、日精研フォーカシングセミナーアドバンスコース（近田・日笠,

2005）の基本の枠組みです。フォーカシングのリスナー訓練では、話し手がフォーカシングを知っているので、より率直に自分の必要を聴き手に伝えやすいようです。ワークショップで参加者の一人が「自分に都合のいいリスナーを作る方法なんですね」と言ってくれましたが、その通りだと思います。

また、大学や大学院の臨床心理学専攻の傾聴訓練にも活用しています。フォーカシングを知らない人たちにとっては、正直にフィードバックを与えるという壁を越えるのが難しいのですが、それを越えると、練習という枠組みにも関わらず、共感されるうれしさと新しい発見に満ちた通常よりも深い対話になったという感想を聞くことが多いものです。

ひろがり

この方法を基礎として、クラインはその後インタラクティブ・フォーカシングという実践を創出しました（本書pp.66-69）。

また、この方法に慣れてくれば、日常生活の中で、この方法を知らない人相手にも、こっそり実践することができます。自分が話し手で、自分の話をわかってもらいたいときに、相手に「どんな風に理解してくれた？　ちょっとことばにしてもらえる？」と求めて、その応答に対して「うーん、そう悲しい。でも、怒っている気持ちの方が強いかなあ」とフィードバックをあげます。また、聴き手になったときは「ちょっと、こんな理解でいいのか、確かめてくれる？」と前置きして、相手の話のエッセンスを伝え返して、フィードバックを求めます。このような形で日常の大切な人との間で、齟齬のない共感的なコミュニケーションが生まれることを願っています。

参考文献　近田輝行・日笠摩子編著(2005)『フォカシングワークブック――楽しく、やさしい、カウンセリングトレーニング』日本・精神技術研究所.
　　　　　Gendlin, E.T. (1999)『フォーカシング指向心理療法〈上〉――体験過程を促す聴き方』村瀬孝雄・池見陽・日笠摩子監訳，池見陽・日笠摩子・村里忠之訳，金剛出版.

インタラクティブ・フォーカシング

前田満寿美・伊藤三枝子

人数： ONE-PERSON **PAIR** GROUP　　年齢：

　インタラクティブ・フォーカシングは、ジャネット・クライン（Janet Klein）がロジャーズのクライエント中心療法とジェンドリンのフォーカシングを土台にして考案したフォーカシングの発展型です。「どうすれば共感的になれるだろうか」「どうすれば互いに癒し合える人間関係を築けるだろうか」という疑問がきっかけで開発されました。ジェンドリンのセラピー理論で必要不可欠だと強調されている相互作用（密度の濃いこころとこころのやりとり）がセッション中に起きるように、さまざまな工夫が加えられています。

　インタラクティブ・フォーカシングでは、いつもからだの感じに触れながら話をし、話を聴きます。二人のやりとりを通して、話し手は十分聴いてもらえた、わかってもらえたという満足感を味わいながら、自己理解を深めることができます。また、聴き手は共感的に聴く力を身につけることができ、他者理解を深めることができます。

　クラインが考案した「フォーカサー・アズ・ティーチャー」（本書「話し手に教えてもらう方法」pp.62-65）という手法を用いると、話し手は主体的にセッションを進めていく力がつきます。同時に聴き手は緊張せずに共感的な聴き方を学ぶことができます。「二重の共感のとき」「インタラクティブな応答」「関係の確認」というユニークな場面では、思いがけない気づきや展開が生まれ、相手と深いつながりが感じられるようになります。まさに、人間関係づくり、関係改善に効果的な手法です。インタラクティブ・フォーカシングで共感力をレベルアップすると、カウンセリングや対人援助に役立つだけでなく、日常生活でのコミュニケーションも大いに好転していきます。

やりかた

対象：共感力や人間関係改善に関心がある方なら、誰でも出来ます。
手順：2人組で枠組みを守りながら、相手への思いやりを持って行います。手順に慣れるまで、枠組みの見守り手に経験者を加え、3人組で行うとよいでしょう。

フルセッションの概略
1．話し手が、話をする。
2．聴き手は、伝え返しをする。
3．話し手が伝え返された言葉を聴き、フォーカサー・アズ・ティーチャーをする。それを取り入れ、聴き手は修正する。
＊1．～3．を話が一段落するまで繰り返す。
4．二重の共感のとき（ダブル・エンパシック・モーメント）

————ここまでをシングルウィングといいます————

5．インタラクティブな応答（インタラクションの役割交代）
話し手と聴き手が交代する。
6．2回目の二重の共感のとき
7．関係の確認

（以下に具体的な進め方を示しますが、詳しいことや留意点は、参考文献だけでなく、必ずワークショップなどで体験して学んで下さい。）

準備：「安全の約束（本書pp.9-10）」「4つの大切な基盤（次頁ポイント(2)参照）」、セッションの進め方の手順を確認します。最初に話し手をするか聴き手をするか、少し時間をとって、自分自身に聴いてみてから決めます。静かな時間を持ち、地に足をつけて落ち着く時間を十分にとって、今ここにいる感じ、グラウンディド・プレゼンスの状態をつくります（本書p.26）。

1．話し手は、今、目の前にいるこの人になにを聴いてもらいたいか、確認します。聴いてもらいたいことが決まったら、話をしはじめます。順序よく話す必要はありません。聴いてもらいたい話をからだで確かめて、そのからだの感じから話すようにします。聴き手が伝え返しできるよう、一区切りずつ話します。
2．聴き手は話し手の話をからだで聴き、からだに響いたところを伝え返します。
3．話し手は、聴き手から伝え返された言葉をからだに響かせ、それが自分の内側の感じを言い表せているかどうかを確かめます。聴き手に分かってもらえているかも確かめ、自分の表現を修正したり、聴き方へのリクエストが必要なら、それを聴き手にフィードバックします（フォーカサー・アズ・ティーチャーを行う）。聴き手は、その話し手からのお願いを取り入れて、伝え返しの言葉や聴き方を修正します。
＊話し手の話が一段落するまで、1．～3．を繰り返します。
4．話し手の話が一段落したら、「二重の共感のとき」を持ちます。まず聴き

手が「今の○○さんの話されたこと全体が、あなたの中で、今どのように感じられているのだろうか、それをあなたの身になって、私のからだで感じてみます」と話し手に伝えます。しばらく待って、浮かんできたイメージ、象徴的な言葉、短いフレーズなどを話し手に伝えます。話し手にはその間に「○○さんは、やさしい気持ちで、今出てきたものと一緒にいてください」と伝えます。

話し手は、聴き手からもらった表現をからだに響かせ、短く聴き手にフィードバックし、また、自分自身に優しい気持ちで振り返った時の感じも、聴き手に伝えます。

5. 話し手と聴き手が交代します。最初の聴き手は、今度は話し手になり、今聴いた話が自分の内側にどのように触れてきたかを話します。最初の話し手は、今度は聴き手となり、自分の話は脇において、共感的に聴くためのスペースを作ります。1.～3.を行います。

6. 4.と同じように、「二重の共感のとき」を持ちます。

7. 6.まで終ったら、お互いに話をし、聴いた今、自分自身のこと、相手と自分の関係をどう感じるか、確かめる時間をとります。感じがつかめたら、どちらからでもそれらを伝え合います。

※特に慣れるまでは必ず、セッション後、内容ではなく、枠組みに添って話せたか、聴けたかふり返りをします。

たとえば

(1) 習得の形態：研修会方式と個別指導のどちらでも可能です。いずれの場合も、からだ全体をつかって体験的に学ぶことが大切です。

(2) 所要時間：枠組みの理解に約3時間、できれば連続2日間の研修を要し、練習をくり返すことが求められます。

(3) 実際のセッション：熟達するまでは、セッションの前半のみ（シングルウィング）を行い、1人当たり20分の持ち時間をめやすとします。

(4) 必要に応じて手順の1.から6.を繰り返し、完了感が得られるまで続けることもできます。

ポイント

(1) インタラクティブ・フォーカシングでは、深いところでの相互交流を通して、日常では得られない深いワークが起こる場となります。ふさわしい安心・安全な場づくりと枠からはずれないことを、全員が意識して協力し合う必要があります。

(2) 次の4つの大切な基盤は、インタラクティブ・フォーカシングの土台として非常に重要です。
- 適切な環境の維持
- 常にからだ全体で感じながら進める
- 共感的な聴き方　(伝え返しと二重の共感のとき)
- フォーカサ―・アズ・ティーチャー

(3) いきなりセッションをすると、手順に気をとられがちです。大切な基盤のそれぞれの項目の部分練習をしておくと、深まりのあるセッションが可能になります。

(4) 「二重の共感のとき」は、思いがけない気づきやつながりを味わう場面となり得ます。聴き手が出す「共感的エッセンス」が、重要なポイントです。

ひろがり

- どんなカウンセリングの技法にも加えることができ、相手がフォーカシングを知らなくても効果があります。
- カップル、家族、小グループを対象に人間関係のこじれを扱うことができます。
- カウンセラー養成講座、子育て中の親グループや自助グループ、一般向けコミュニケーション講座に応用できます。

習得の機会および連絡先　株式会社 日本・精神技術研究所　http://www.nsgk.co.jp
　　　　　　　　　　　インタラクティブ・フォーカシング学習会（前田　満寿美・伊藤 三枝子共宰）
　　　　　　　　　　　インタラクティブ・フォーカシング研究会
　　　　　　　　　　　　連絡先：事務局　BQW06067@nifty.com
　　　　　　　　　　　日本フォーカシング協会　http://www.focusing.jp（ワークショップ情報ページを参照）

参考文献　Klein,J.（2005）『インタラクティヴ・フォーカシング・セラピー――カウンセラーの力量アップのために』諸富祥彦監訳，前田満寿美訳，誠信書房，2005.

インタラクティブ・フォーカシングを行う
フォーカシング・コミュニティ・グループ

髙須賀忠雄・堀尾直美

人数：GROUP　年齢：

　筆者らは、2004年からインタラクティブ・フォーカシング（以下IF）を行うフォーカシング・コミュニティ・グループ(注)「ボディセンス」を運営してきました。IFを練習したい、練習できる場を提供したいとの思いから始めましたが、単に練習の場に留まらず「心理的な我が家」になっているようです。メンバーにとって、安心感を得たり、日常生活を改善したり、人の多様性に触れたり、人と人のつながりを感じたりする場になっています。

　ガイディングなしに充分なリスナーになれるので、通常のフォーカシングのリスナーより気負わずできる、素のままの自分でできると感じる参加者も少なくありません。手順にある共感的応答とインタラクティブな応答で、フォーカサーのプロセスは予想以上に進みます。また、IFではフォーカサーは話をするので、参加することで自分とは違う人生を歩んでいる方のお話を沢山聴くことができます。人生の奥深さと豊かさに触れる時間です。

(注)フォーカサーのためのリスナーとしてお互いに貢献し合う互助的なフォーカシングのグループ。ジェンドリンの提唱した「チェンジズ」のこと。

やりかた

対象：すでにIFの基礎的な学びを終え、手順を見れば自分で進められる方。

手順：元々パートナーシップでIFをしていた筆者らは、IFのワークショップを開いて修了者をお誘いし、始めました。会場は、公共施設を借りています。

会の進め方：はじめに皆で近況を話す時間をとり、その後、それぞれがどのようにセッションをしたいか（ペアでフルセッション、3人組でシングル・ウィング（本書p.67）のラウンドロビン（本書p.59）など）出し合います。それをもとに組み合わせが決まったら、会のおしまいに皆で今日の体験を分かち合う時間を決め、それまで各組み合わせでセッションをします。

たとえば：「ボディセンス」の場合

現在は、第２日曜と第２木曜の午後、そして第４土曜の午前と午後に、参加者が最低二人いれば開催しています。開催予定と参加予定、開催後の簡単な報告を連絡し合うために、メーリングリストを作っています。参加できなくてもメールが届くことで会につながっている感覚が持てると好評です。現在のメンバーは約60名、少ない時は２名、多い時は10名以上参加者が集まります。参加費は、部屋を借りる料金の参加人数割りです。筆者らの役割は、会場取り、メーリングリストの管理、開催予定の告知と終了後の報告、会の進行です。

ふりかえり

グループを続ける最も難しい点は、会場の確保だと思います。借りやすく使いやすい会場が見つかると、グループの活動が安定します。少人数でも集まる限りは開催することで、グループは続いていきます。「ボディセンス」は随時新規メンバーを受け入れているので、年に数人新しいメンバーが入ってきます。だからこそ先細りせず続けてこられたと思います。

参加者の主体性とIFの枠組みそのものが、場の安全・安心を確保する要だと考えています。枠組みに沿えているかどうか確認すること、慣れによる逸脱をしないこと、年に１回位はIFのワークショップに参加して自己流にならないようにすることが必要でしょう。

ひろがり

IFの枠組みが極めて優れていて、手順だけでなくその精神を充分理解して実施すると、お互いへの尊重、相手への思いやり、自分を大切にすることと同様相手を大切にする気持ちが知らず知らずに醸成され、愛や思いやり、共感が、相互に、そして場に満ち満ちてきます。それが、IFの醍醐味の一つです。つまり、IFは練習を積むことで、自然に相手に対する共感や思いやり、尊重の気持ちが培われる類稀な最強の自己成長のツールだと考えています。

参考文献　宮川照子（2005）「インタラクティブ・フォーカシングとは」「インタラクティブ・フォーカシングの方法」「小グループでのインタラクティブ・フォーカシングの練習」『フォーカシング・ワークブック――楽しく、やさしい、カウンセリングトレーニング』近田輝行・日笠摩子編著，日本・精神技術研究所，pp.146-155．

フォーカシング・サンガ

土江正司

人数： ONE-PERSON / PAIR / **GROUP**
年齢：

　エンカウンター・グループとフォーカシングの融合を目指して開発してきました。「サンガ」とはサンスクリット語で「集い」を意味します。瞑想から始まり、安全・安心ルールの下でフォーカシングと感想の伝え返し（ギフト）が繰り広げられます。メンバー間の心が通じ合うに連れて深い安らぎを体験し、自己や他者を受容できるようになります。

やりかた

手順の概念図

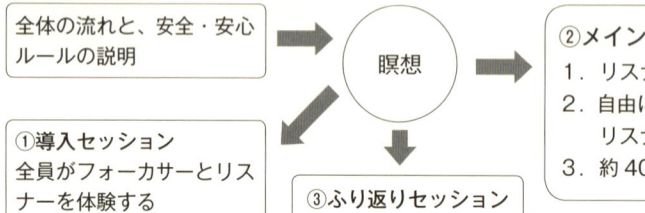

全体の流れと、安全・安心ルールの説明 → 瞑想 → ②メインセッション
1. リスナーを募る。
2. 自由に自分を語り、また感想を述べる。リスナーは伝え返す。
3. 約40分でリスナーは交代する。

①導入セッション　全員がフォーカサーとリスナーを体験する

③ふり返りセッション

手順の詳細と教示

　オリエンテーション後、ファシリテーター（Fa）は安全・安心ルールについて説明し、導入セッションに入ります。「最初に5分間瞑想を行います。静かに内側の感じに触れます。また最近どんなことが気になっているだろうかと、そっと自分に問いかけてください。瞑想後、一人ひとり短く語っていただきます」と教示し、スムースに瞑想に入れるよう鉦を鳴らします。瞑想後、最初のメンバー（Faの場合が多い）がフォーカサー（Fr）として語ります。他のメンバーをリスナー（Li）として指名し、Liは事柄と気持ちを簡単に伝え返します。Frは「シャベラー」と呼ばれる

> **安全・安心ルール**
> ○語られた内容を他の場で話しません。
> ○どんな気持ちや感じもそのまま受容します。
> ○気づきや変化を強要せず、期待もせず、自然な変化のプロセスを大切にします。

小さなぬいぐるみ（写真）を持つことでリラックスして語れます。そして次のFrにシャベラーを手渡します。このようにしてなるべく全員がLiとFrを体験します。

次にFaは「皆の語りを聴いて今、皆さんのからだはどう反応していますか。それを感じながら5分間瞑想します」と教示します。瞑想後、「メインセッションでは自由に自分を語ってください。そのときはシャベラーを手に取ったらいいと思います。また自由に感想を述べてください。感想はメンバーに対するギフトになります。ただし安全・安心ルールに配慮してください。フォーカシングの技術や理論に関する質問も結構です」と説明します。次にLiを募集します。Liはメンバーが語りやすいように、伝え返しや語りが深まるような問いかけをします。Liは約40分で交代します。Faは必要に応じてLiをコーチし、リスニング技術向上を支援します。時折休憩を挟み、休憩後は瞑想から始めます。

シャベラー

全プログラムが終了する20分くらい前からふり返りセッションを始めます。Faは「3分瞑想し、フォーカシング・サンガが終わった今の感じを味わってください。」と教示します。そして一人ひとり感想を述べて終了します。

ふりかえり

一日ワークショップの終了後アンケートからフォーカシング・サンガならではの感想を紹介しましょう。「気づきや変化を強要され続けてきた人生だったと気づけた。全てを受け入れてもらえる感覚がこれほどまでに心地良いものなのかと驚いた。」「次第に素直な言葉が出てくるようになった。自分だけではなく、他のメンバーも表情や感じ方が前向きになっていくのがわかった。」「感じたことを伝えてみると、皆同じようなことに悩み生活していることに気づき、声に出すことでまた違った感情が生まれてくるのだなとつくづく感じた。」

ひろがり

メンバーが10人を超えるとグループの凝集力が下がるので、輪を二重にして金魚鉢スタイルで行います。また時間に余裕があるときは「こころの天気」などのワークを取り入れたりするのもよいでしょう。

参考文献　心身教育研究所ホームページ　http://sinsined.com

私・あなた・関係の フェルトセンシング

日笠摩子

人数： GROUP　年齢：

　私・あなた・関係のフェルトセンシングは、ニューヨークのフォーカシング指向関係療法グループの研修から生まれた実習です。フォーカシング指向関係療法では、セラピスト自身が、クライエントとの関係に敏感であるためにフォーカシングを用います。しかし、セラピー場面に限らず人間は、対人関係に大きな影響を受けています。その対人関係のまだことばにならない微妙な複雑性に敏感になる練習法が、私・あなた・関係のフェルトセンシングです。

やりかた

対象：大人向けグループ実習。相手の印象や自分の感覚を正直に伝えるには安全な場であることが必要です。お互いの安全を守れる環境に配慮してください。

手順：内側と外側を同人数として2重の輪を作り（小人数の場合は2列でも可）、一対一で向き合います。そしてそこで自分の感じ、相手の感じ、関係について、お互いに伝え合います。相手を3回以上替えて、同じことを行い比較します。

教示：今、前にいる人と快適な距離で相手全体を眺めます。

1. 今ここで「この人の前で、自分はどんな感じかなあ」と自分に問いかけます。その反応や気持ちを表現することばやイメージが浮かぶのを待ってください。「緊張」「焦っている」「穏やか」、今の「自分の」感じを表現しましょう。
2. 次は「相手」について感じましょう。相手を見ながら自分の内側に「この人をどんな風に感じているかなあ」と問いかけます。その人全体の感じの印象を表すことばやイメージが浮かぶのを待ちましょう。
3. では、先ほど出てきた自分の感じと相手の印象の表現をお互いに伝えあいましょう。気恥ずかしいかもしれませんが、自分が他の人に与えている印象や影響を教えてもらう貴重な機会として、相手からのことばを大事に受け取りましょう。
4. その上でもう一度、自分の内側に注意を向けて、今度はお互いの関係を感

じましょう。「暖かい」「ぴりぴり」「ためらいがち」、どんな雰囲気でしょうか。
5．関係の印象も伝えあった上で、この体験の感想を自由に分かちあいましょう。
6．では次に、それぞれの左（右でも可）の斜め向かいの人とペアになりましょう。

ふりかえり

　私たちは環境や関係の中で存在しており、固定した自分があるわけでありません。ある人の前では緊張し、ある人の前ではリラックスします。違う人を前にした自分を比較することで、自分が相手に影響されて変化するのを体験できます。

　同じ相互作用でも、焦点を向ける対象を変えることで、あなた・私・関係を区別して感じることができることも学べます。相手についての印象と、そこでの自分のあり方を区別してとらえる練習は、あなたの領域と私の領域の境界を明らかにしながら関係を捉える感受性の訓練にもなります。

たとえば

　私はこのワークを、フォーカシング指向関係療法のワークショップでの、参加者同士の出会いのワークとして体験しました。初対面の参加者同士が直に向き合い印象を伝え合った体験は強烈で、今でもそこでの出会いの印象は記憶に残っています。初対面でも相手の存在感から伝わるものがあることを実感しました。

　逆にお互い熟知した同士でも新鮮な体験になります。研究会仲間や大学院生のゼミ合宿など、それまでの関係の積み重ねがある同士で行うと、それまでの相手との関わり全部を含めて相手が感じられるのが印象的でした。

ひろがり

　ここでは実際に人と直面するやり方を紹介しましたが、現前しない人に対してもこのワークは可能です。セラピストがクライエントを思い出して私・あなた・関係のフェルトセンシングをすることは、面接をふり返るよい方法になります。

　さらには、行き詰まった面接で、クライエントを前にした自分の反応を感じて提供することで、行き詰まりの打開にも役立てることも可能かもしれません。

参考文献　　フォーカシング指向関係療法グループのサイト　http://forpny.org/index.html

人との関係についての
フォーカシング

堀尾直美

　誰かのことをフォーカシングする時に役立つ方法をご紹介します。元になっているのは、吉良安之が開発した「セラピスト・フォーカシング法」です。セラピストがクライアントさんや職場、仕事で感じていることを丁寧に感じ吟味していくことで、セルフケアやクライアントさん理解や仕事への関わりに活かしていく方法として考案されました。その特徴は、以下に示すAとBが組み込まれていることです。

おおまかな流れ
A．全体を確かめる。
　　その人（そのこと）について自分が感じていることを、一つひとつ丁寧に分かっていく。一つひとつ分かっていくことで、全体が見える。
B．全体を眺める。方向を定める。
　　こんなことを感じているんだなあと一つひとつ確かめたその全体を眺める。その全体の中で、この辺りについてやりたいという部分を選ぶ。
C．その部分について丁寧に感じていく。

　セラピストに限らず、人は誰しも、人との付き合いに疲れたり、強い感情に支配されてしまったり、いったいどういう関係になっているのか分からなくなることを経験します。そのような時に「セラピスト・フォーカシング法」の進め方が役立つことを、私自身がフォーカサーとしても、また、リスナー／ガイドとしても体験しています。
　ここでは、フォーカシングとそのリスニングの基礎を学んだばかりの方同士でも進められるようにと考えた手引きをご紹介します。

やりかた

対象：フォーカシングとそのリスニングの基礎を学んだ方
手順：ペアで行います。次に示す手引きは、まだそれほどフォーカシングやリスニングの経験がなくてもできるよう、フォーカサーが自分で進め、リスナーは伝え返

しに徹するようになっています。

フォーカサーが自分で進める手引き

〈準備〉

　フォーカサーは、気になる人、その人との関係が難しく、どうにかしたいなあと感じている人を選びます。特定の人でなく、職場や所属している集団でもよいです。

　決まったら、リスナーに「決まりました」と告げて始めます。

　リスナーは、フォーカサーの共鳴作業の助けになるように、伝え返しながら聴きます。

〈A．全体を確かめる〉

1．そのこと（準備で選んだ特定の人や集団のこと）を思い浮かべます。
　　思い浮かべて、それについて自分はどんなふうに感じているかなあと自分自身に問いかけてみます。
　　なにか出てくるのを待ちます。
　　なにか感じられてきたら、ことばにして言ってみます。事柄（エピソード）でもかまいません。同時にいくつかのことが出てきたら、まずは一つについてことばにしてみます。
　　そのことばでよいかどうか確かめます。からだのどの辺りにどんな感じがするかを感じてみるとよいかもしれません。
　　今はその感じに入り込まないで、〜な感じ、〜などハンドルになることばを見つけます。
　　見つかったら、ああ、こんな感じがあるんだなあと分かっておきます。
　　それを一つ目として、脇に置きます。クリアリング・ア・スペースをする時のように置き場所の工夫をしてもよいです。一つ目として指を折って分かっておくだけでもよいです。
　　《リスナーがすること》フォーカサーの一つひとつのハンドルをメモしておきます。
2．再びそのことを思い浮かべ、他にどんな感じがあるかなあと確かめてみます。
　　なにか見つかったら、1．と同じようにして、二つ目として置きます。
3．2．を繰り返して、三つ目、四つ目…として置いていきます。
4．これで全部かなあと思ったら、リスナーに一つひとつ言ってもらってそれを聴きながら、一つ目としてこれがあるなあ、二つ目はこれだなあという

ふうに、今まで出てきたものを確認します。
　　その上で、念のためもう一度そのことに戻って、これで全部かなあと確かめます。
　　もしかしたら、もう一つ出てくるかもしれません。そうしたら、1. を行います。
5．これで全部だなと確かめられたら、B. に移ります。

〈B．全体を眺める。方向を定める〉

6．全部置けたら、そこから一歩下がって、全体を眺めます。リスナーにもう一度、一つひとつ言ってもらってもよいです。
　　この人（このこと）について自分はこんなこと（感じていること全体）を感じているんだなあと分かってやります。
　　眺めてなにか浮かんだら、それを丁寧に受け取ります。
　（ここで終わりにしてもよい。その場合は、9. に進む）
7．この先どんなふうにやりたいか自分に聴いてみます。
　　どの辺りについてやるか、どれか一つについてでもよいですし、ある一つと別の一つが重なっている部分や、そのつながりについてでもよいです。あるいは、その全体の感じについてやってもよいです。
　　決まったら、リスナーに「これ（この辺り）についてやります」と伝えます。

〈C．その部分について丁寧に感じていく〉

8．決めたそれ（その辺り）について、フォーカシングしていきます。
　　決めたそれ（その辺り）全体をもう一度ゆっくり感じましょう。ことばにできそうなところから言い表してみて、自分でフォーカシングを進めていきます。
　　《リスナーがすること》リスナーはフォーカサーを見守り、伝え返しで、フォーカサーがことばと感じをつき合わせて確かめる手伝いをしていきます。
9．セッションを終える：
　　一段落したところ、もしくは、終了時間が近づいたら、どんなふうに終わったらいいか確かめます。
　　終わる前になにかしておきたいことがあるかなあと自分に問いかけてみるのもよいです。
　　終わるための作業（日常に活かすステップを感じる、覚えておくための印付け、感じを置くなど）をします。
　　ゆっくり終わります。

10. セッションを振り返る：
    フォーカサーがセッションをしてみて思ったこと、感じたことをリスナーに話します。リスナーは、伝え返しだけで聴きます。

ポイント

　進め方の要は、初めに全体を確かめる段階（A）を入れることです。例えば、思い浮かべると嫌！　という感じが出てくる人についてフォーカシングする場合、どんなふうな嫌さかなあと、その嫌さについて丁寧に感じていくのがふつうのやり方です。セラピスト・フォーカシング法の進め方では、嫌だという感じを分かった上でそれを脇に置き、もう一度取り上げた状況全体を眺めて、他になにかないか確かめ、感じられることをリストアップしていきます。

　それを丁寧にやると、今まで意識していなかった感じを見つけることがあり、気づきにつながります。また、一つひとつ分かっていって全体としてそんななんだなあと見渡す（B）ことで、あるいは、フォーカシングの後のふり返りで話をしているうちに、新しい気づきが生まれることもあります。

　なお、手引きに書かれている自分への問いかけなどの文言は一例です。この文言通りに行う必要はありません。ご自分にぴったりくることばかけをなさってください。

ひろがり

　フォーカサーがフォーカサー・アズ・ティーチャー（本書pp.62-65）に慣れていたり、提案できるリスナーの場合は、フォーカサーがリスナーに提案を求めたり、リスナーが提案（ガイディング）したりと、柔軟に進めてよいでしょう。『セラピスト・フォーカシング』（吉良, 2010）には、セラピスト・フォーカシング法の詳しい解説やセッションの逐語記録が載っています。どうぞご参照ください。

参考文献　吉良安之（2010）『セラピスト・フォーカシング──臨床体験を吟味し心理療法に活かす』岩崎学術出版社.

第4章

いろんなことにフォーカシング

なぞかけフォーカシング

岡村心平

人数：ONE-PERSON　PAIR　GROUP　　年齢：

　「なぞかけフォーカシング」は、日本独自のことば遊び"なぞかけ"を使ったフォーカシング・ワークです。「○○とかけて、△△と解く。その"心"は……」というなぞかけの言い回しを利用して、フォーカシングのなかの「アスキング」のエッセンスを、楽しく、かつコンパクトに体験してみましょう。
　「その心は……」という問いかけによって、私たちの生きている"状況"と、そのフェルトセンスについての"ハンドル表現"を交差させ（crossing）、"状況"についての理解をさらに進展させていくことができます。

やりかた

対象：なぞかけのやり方を理解できる方ならば、どなたでも実施可能です。
教示例：なぞかけフォーカシング簡便法（所要時間約5～15分）

　【導入】なぞかけについて共有しましょう
　　なぞかけのやり方について、あらかじめ説明をしておきましょう。
　【ステップ1】今の状況を思い浮かべましょう
　　自分の今の状況を思い浮かべてみると、どんなことが浮かぶでしょうか。
　【ステップ2】フェルトセンスにぴったりな"ハンドル表現"を探しましょう
　　そのような状況を思い描いてみると、からだではどんな感じがするでしょうか。そのフェルトセンスにぴったりな"ハンドル表現"や"喩え"を探しましょう。
　【ステップ3】なぞかけアスキングを試してみましょう
　　ぴったりなハンドル表現が見つかったら、なぞかけアスキングをしてみましょう。"○○（ハンドル表現）"とかけて、"そのような△△な状況"と解く、その心は……？と言ってみると、どのようなことが浮かんでくるでしょうか」。
　【ステップ4】浮かんできた「その心」について、吟味してみましょう
　　何かが浮かんできたら、それを大切に受け取り、吟味してみましょう。

🟦 たとえば

　Aさん（20代女性）が自分の今の状況を思い浮かべてみると（ステップ1）、「人とつながっている」という状況が浮かび、その状況についてのフェルトセンスには、「つむぐ」という言葉がぴったりでした（ステップ2）。

　そこで、このように問いかけてみました。「"つむぐ"とかけて、"そのような、人とつながっている状況"と解く、その心は……」（ステップ3）。しばらくの沈黙のあと、「地味だけど、楽しい」という"心"が浮かび、今の自分の状況は「糸をつむぐように地味」だけれど、「地味でいいんだ」と気がつきました。Aさんから思わず笑いがこぼれ、そこにある「すっきり」した感じをじっくりと味わいました（ステップ4）。

🟦 ポイント

　テレビで観る芸人さんたちのように、巧みなオチをすばやく作る必要はありません。すぐに"心"が浮かばなくても大丈夫です。なぞかけアスキングを何度か試しながら、からだの感じと共に過ごす時間をじっくりと味わいましょう。

　また、"心"がうまく出てこない場合には、リスナー側に浮かんだ"心"を伝えることがフォーカサーのプロセスを促進させることもあります。リスナーもフォーカサーも、楽しみながら一緒に取り組みましょう。

🟦 ひろがり

　「○○とかけて△△と解く」は"When ○○ crosses with △△"と訳すことができ、状況とハンドル表現を交差させる機能を担っています。また「その心は？」は、"What's the crux of this?"というフォーカシングに典型的なアスキングの訳として用いることができるでしょう。なぞかけフォーカシングは、フォーカシング本来の特徴を非常によく反映させたプロセスだといえます。

参考文献　岡村心平（2013）「なぞかけフォーカシングの試み」『サイコロジスト：関西大学臨床心理専門職大学院紀要』第3号, pp.1-21.
　　　　　　鈴木棠三（1981）『なぞの研究』講談社学術文庫.

漢字フォーカシング

河﨑俊博・前出経弥・岡村心平

人数：ONE-PERSON　PAIR　GROUP　　年齢：

　漢字フォーカシングとは、ある状況（事柄）についてのフェルトセンスを漢字一字で表現する方法です。漢字は一字でも意味はありますが、他の漢字と組み合わせることでその意味が広がります。それゆえ、漢字一字には未完の意味が含まれているといえます。漢字フォーカシングは、いろいろな意味の探索ができ、楽しみながら自己理解、他者理解を深めることができます。

やりかた

対象：漢字をある程度知っている方。個別でも集団でも実施可能です。
手順と教示：漢字フォーカシング簡便法

1. ある状況（事柄）をフェルトセンスとして感じ取る
   その状況を思い浮かべるとどんな感じがするか、ゆっくり感じてみましょう。

2. そのフェルトセンスを漢字一字で表現する（handle）
   頭の中から捻り出すのではなく、自然と浮かんでくるように問いかけましょう。

3. 表現した漢字がぴったりか響かせる（resonate）
   味わうように響かせてみましょう。辞書を用いて響かせてみるのもよいです。

4. 問いかける（asking）
   その状況の何が「この漢字」みたいなのか、優しく問いかけましょう。

5. 気づいたことを受け取る（receive）
   浮かんできたものは、批評せず大切に受け取りましょう。

たとえば（簡便法を用いたAさんとのセッションより）

　Aさんに漢字フォーカシングを簡単に説明し、今の状況をゆっくり感じてもらいました。そして**「その感じを漢字一字で表現すると、どんな漢字が浮かんできますか？」**と優しく問いかけました。Aさんには「急」が浮かんできたので、感じているものにぴったりか響かせてもらいました。すると「急」よりも「足」の方がしっくりくると表現を変えました。そこで**「今の状況の何が「足」みたいなんだろう？」**と問いかけました。しばらくAさんは探索していましたが、何も浮かんでこない様子だったので、表現を変え**「今の状況の何が「足」りていないんだろう？ あるいは何が「足」りているんだろう？」**と問いかけてみました。するとAさんは、ふふっと笑い「ああ、そっか」と納得した様子でした。何が起きたのかわからなかったので尋ねてみると、『ある場面では満「足」しているけれど、別の場面では自分の能力不「足」が気になっている』と話してくれました。

ふりかえり

　漢字を響かせる際に、漢字辞書を用いて、その漢字の多様な意味や歴史的な成り立ちを調べることが新しい意味の成立につながることがあります。漢字を思い出せない場合に辞書を用いてもかまいませんが、意味を調べながら漢字を探さないように注意しましょう。ポイントは楽しみながら気楽に取り組むことです。意気込んでもうまくいきません。話し手も聴き手も共に浮かんできたものをゆっくり味わえるように心がけましょう。

ひろがり

　簡便法の他にも「漢字表現グループ」と呼ばれるグループワークがいくつか試みられています。一つ目は小グループで自分以外のメンバーを漢字一字で表すワークです（池見，2012）。二つ目はコミュニティや風土を漢字一字で表すワークです。浮かんだ漢字を集めて文章を作ることもできます。三つ目は付箋紙を用いたクリアリング・ア・スペースとのコラボレーションワークです（前出，2011）。このように漢字フォーカシングはグループにも応用ができ、今後の発展が期待されます。

参考文献　池見陽（2012）「漢字フォーカシング――暗在に包まれた漢字一字と心理療法」『サイコロジスト：関西大学臨床心理専門職大学院紀要』2, pp.1-11. www.akira-ikemi.net
　　　前出経弥（2011）「漢字一字で言い表す――フォーカシングワークを通して」『サイコロジスト：関西大学臨床心理専門職大学院紀要』1, pp.51-59.

連詩を楽しもう！
就活連詩・仕事連詩のグループワーク

福田尚法

人数： GROUP　年齢：

　公的機関の就職支援現場に勤務する中で、特に大学生・年長フリーターの就職支援ワークとして、2010年よりフォーカシング的連詩（日笠，2005）を取り入れました。
　フォーカシング的連詩とは、他人の書いた語句を読み、そこから生まれるフェルトセンスを言葉にして繋げてゆき、一つの詩を作るものです。
　就活支援の中で重要なことは、自分自身を受入れ自尊感情を持たせることです。筆者の印象としては就活がうまくいかない若年者の特徴として、「自分は社会に必要とされていないのではないか。」「誰からも必要とされていない自分の存在は無意味なのではないか。」という心理状態に陥るケースが多く見受けられます。
　適性検査や自分史の掘り下げなどによる従来型のキャリアカウンセリングでは、特段誇るべき性格や過去の経歴がないように感じてしまい、就活支援に対して心を閉ざす若者も少なくありません（福田・森川，2011）。
　そこで、自己受容の問題を抱える若年者に対応できるようなグループワークとしてフォーカシング的連詩に着目し活用したところ、「細胞が生き返ります」「すごい」「おもしろい」、等々、グループが一挙に盛り上がり、その後の就活支援の流れが大変スムーズになりました。連詩の威力、起爆力をまざまざと見せつけられた思いです。
　初めて連詩を行った時のメンバーの顔が今でも忘れられません。
　なぜ、これほど彼らが生き生きとなるのか、眼が輝くのか？
　筆者は、連詩が自己受容、自己の存在証明を感じる為のワークになりうる感触を得て活用しました。フォーカシング的連詩を就活連詩・仕事連詩として活用したその流れをご紹介したいと思います。

やりかた

対象：20歳～35歳までの若年者（専門学校・短大・大学・大学院の現役生含む）を

対象とし、1グループ10名〜20名前後でワークを行います。

手順1 → 小グループ分けを行う。1グループ5名を基本とするが6〜7名でも可。また、参加者が7名以下ならグループ分けはしない。

手順2 → 参加者には一切フォーカシングの予備知識を教示しない。参加者がワークに対して自然にフォーカスしていく様に導入を行う。

手順3 → 就活連詩シート（資料1）を「グループ全員」に配り第1行目を書かせる。それぞれの小グループでA・B・C…と順番を決め、直前の文章以外見えない様に指示に沿って連詩を作成していく。

手順4 → 連詩の作成が終了したら各グループの（A）がグループのメンバーに連詩を読み上げる。メンバーは各連詩に点数を付け1位を決める。同点の場合は自分が1行目を書いた連詩を、それぞれが受け取る。

手順5 各グループの連詩を全員にコピーして配布する。感想を述べる（各グループ1名〜2名）、まとめ。

教示：手順1〜2

　　　みなさん、こんにちは。今日は就活連詩のワークを行います。
　　　就活連詩とはなんでしょう？　なにをするのでしょうねぇ。皆さんの中で連詩は知っている、という人はいますか？　学校の国語の時間で出てくる場合もありますね。短歌・俳句・詩などを一度や二度は作ったことがありますよね……なかには、作らされた、先生に無理やり書かされた、という人もいますが。
　　　みなさんは今までの経験で、短い文章であっても、たったワンフレーズの言葉であっても、なにか、こう、しっくりくる感じってないですか？
　　　フィット感というか。……考えて結論を出すよりも、なにか、体で感じることってありますよね。何気なく読んでいた本の一節や、歌の中のワンフレーズ、映画、ドラマの中のセリフに、なにか、しっくりと合う感じを、感じる時がありませんか？　今日はそういうワークになります、楽しみにしてください。

POINT
① 参加者の緊張感をほぐすことから始める。
② 何か覚えたり身に付けたりするワークではないことを理解させる。
③ これから何が始まるのか？　参加者の期待感を煽る。

手順3

　　　はい、シートは手元にありますか？　就活連詩というシートですね。
　　　これを順番に書いていきますが、まず第1行目、これを自分で書きます。
　　　今日のテーマは"就活"にしましょう。今の思い、感じること、何でも書い

て大丈夫です。空は青い……でもOK、なんか疲れたような私がいる……でもOK、がんばるぞ〜……もいいですねぇ。なんでも、どんな言葉でも、どんな表現でもOKです。ただし、今日のテーマに沿って、今の自分の思いや今感じることに、一番近い言葉を見つけてみる……様にして下さいね。はい、では感じて想い描いて、第1行目を書いてみましょう。……書けましたか、では、書き終わったら次の人にシートを回します。では、前の人の言葉を読んで、自分の中に浮かんでくるもの、思い、感じることを言葉にしてみましょう。

POINT
① テーマの設定は無差別に選ぶのではなく、集団の共通性の中から選ぶ。
② 考える言葉よりも、感じた言葉を書いていけば良い雰囲気にする。
③ なにを書いてもOK……を何回か、言葉として繰り返し参加者へ伝える。
④ 記入した紙を、まだ書いていない人に渡すことを繰り返し、誰もが同じシートに2回記入することがないようにする（資料2参照）。
⑤ 2番目の記入者からは、次の記入者にシートを渡す時に1番目の記入者の部分を折り曲げ、自分の言葉だけが見えるようにして渡す。以下3番目、4番目の記入者も同様。

手順4〜5

　はい、できましたか。お疲れ様でした。どうでしたか？　いい言葉やフレーズが浮かびましたか。ではAの人、手を挙げてください、はい、ではみなさん、Aの人に今書いた連詩シートを全部渡してください。Aさん、順番に読み上げてもらえますか？
　当然、読むときには感情を入れてくださいね。それを見て感じたままの気持ちで読み上げて下さい。そして、他の人たちはそれに点数を付けます……何点満点かはグループで決めてください。10点満点でもいいし、100点満点でもいいですよ、5点満点でもいいですね。グループのNo.1連詩を決めましょう。

POINT
① （点数を付けることを）意識することで、連詩の内容により集中させる。
② どの連詩を選んでも、どの連詩がNo.1に選ばれても必ず自分がその連詩に参加しており、安心して点数をつけて良いことを教示しても可。
③ 自分が1行目を書いた連詩とNo.1連詩のコピーを必ず渡す、一編の詩として完成しているが1行1行が違う筆跡から構成されていることを見て知ることが重要である。

ふりかえり

　連詩は集団の中で個人の感性を発揮でき、また集団から自分の投げ込んだ感性（自

分自身）が受容されると感じます。自分自身も他者との係わりを認め受け入れていく体験は、まさに社会の縮図です。楽しみながら共同作業を実感できることで、社会の中での自分に自信を持つ雛形体験としてとても有効です。

POINT

① 1人ではなくグループ（組織）で何かをすることで、1＋1＋1＝3ではなく、1＋1＋1＝5にも8にも10にもなることを実感する。
② どの連詩がNo.1に選ばれても、必ず自分の1行があり「自分の行動が評価された」と受け止めることで、自己肯定感、自己受容が生まれる。

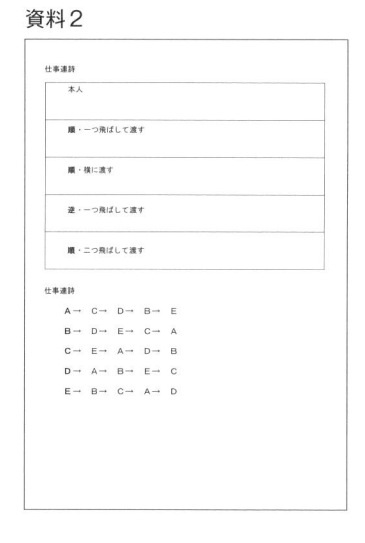

資料1

資料2

資料3

参考文献 日笠摩子（2005）「連詩」『フォーカシング・ワークブック——楽しく、やさしい、カウンセリングトレーニング』近田輝之・日笠摩子編，日本精神技術研究所，pp.166-168.
福田尚法・森川友子（2011）「フォーカシングによる就活呪縛からの解放——若年者就職支援からの臨床例」『日本人間性心理学会第30回大会発表論文』pp.168-169.
池見陽（2010）『僕のフォーカシング＝カウンセリング——ひとときの生を言い表す』創元社.

夢フォーカシング／
小グループ夢フォーカシング

田村隆一

　夢フォーカシングは、ジェンドリンが『夢とフォーカシング』（ジェンドリン，1988）で提唱した方法で、フォーカシングを用いた夢解釈です。フェルトセンスを使って、夢のワークを行います。解釈といっても、実際には夢に対していろいろな問いかけを行ってみて、そこから何かが生じるのを待つという作業です。

　他の夢のワークに比べれば安全性が高く、気軽に試してみることができる技法です。

　夢はどんなものでも扱うことができます。最近の夢でも昔見た古い夢でも可能です。繰り返し見る夢を扱うこともできます。一人でも、ペアでも実施できますし、数名程度の小グループで行うこともできます。

　夢の内容が特殊であっても、プライベートな事実関係を話す必要はありませんので、深い話をする割には抵抗感が少ないのが利点です。小グループで行うと、メンバー間の相互作用が起こりますので、グループ内の人間関係が深まります。

やりかた

対象：初心者から経験者まで可能です。中学生以上であれば年齢は問いません。

手順：A．ガイドとともに行う場合・一人で行う場合

　夢を一つ選んで、夢の概要を語ります。ひととおり話したら、夢の最初から細かい部分を確認しながら思い出します。全体が思い出せたら、夢からどんな感じを受けるか味わいましょう。

　この夢から何を連想するか、この夢は何に関係しているものか、この夢の意味は何かなど、思い浮かんだものは何でしょうか。それを確認して、からだに響かせてみましょう。

　夢全体（あるいは夢の一部）に対して、質問を投げかけてみます（ガイドがいればガイドが質問をします）。自分のからだに質問を響かせてみて、変化が生じるか少し待ってみます。特に変化がなければ、別の質問を試してみます。変化が起こるまで、いろいろ試してみましょう。

何か気づきが生じたら、それを受け入れてみましょう。

B．数名程度のグループで行う場合

全員が、それぞれ扱う夢を選びます。「夢のメモ」に概要を書いてみます。全員がある程度書き終わったら、一人ずつどういう夢か簡単に語ります。聞いている人は、夢を思い浮かべながら味わいましょう。

全員の夢が共有できたら、一人の夢を取り上げて、Aの手順でフォーカシングをしましょう。一人が終わったら、順番に次の人の夢をとりあげてもいいですし、ペアや3人に分かれてお互いにフォーカシングをしてもいいでしょう。最後に、全体で体験を共有します。

教示：
1. 夢の概要を思い出しましょう。今まで見た夢の中で、印象に残っている夢や、最近見た夢を一つとりあげましょう。どんな夢でしたか。大まかな内容を話してみましょう。
2. 夢の細かい部分を思い出しましょう。（ガイドに夢の細部を少しずつ聞いてもらいましょう。ガイドは夢を聞きながら、場所、登場人物、ストーリー、その場の雰囲気など、不明確な部分を確認していきます。）
3. 夢全体（あるいは印象に残った一つの場面を選んで）を思い浮かべましょう。どんな気分になりますか。からだはどんな感じでしょうか。ゆっくり感じてみましょう。
4. 夢から何を連想しますか。何か思い浮かぶことがありますか。この夢はどんなことに関係していると思いますか。連想したものを思い浮かべると、どんな感じがしますか。からだの感じを確かめてみましょう。
5. 夢の全体（あるいは夢の一つのシーン、一つの登場人物など、夢の一部分）に対して、ガイドが質問を投げかけてみます。「質問早見表」を参考にして、質問をしてみましょう。夢を思い浮かべながら質問をからだに響かせてみましょう。
6. 質問を自分のからだに響かせ、少し待ってみましょう。からだの感じが変化するか確かめましょう。
7-1. 何か出てきたら、出てきたものを受け取りましょう。（もっと続けたいようであれば、5. に戻って、別の質問を試してみましょう。）
7-2. あまり変化がなかったら、5. に戻って別の質問を試しましょう。
8. これで終わっていいと感じたら、からだの感じを確認して終わりましょう。

ポイント・注意事項

- **一つの質問にこだわらない**：「質問」を投げかけてみて、特に反応がなければ、さっさとその質問は捨てて、別の質問に変えましょう。

夢のメモ

　フォーカシングの前に夢の概要を書いてみることは、細かい部分を思い出すのに役立ちます。
　タイトル部分は空けておいて、まず夢の概要を書きましょう。ほかの部分は、思い出せるところから埋めていきます。完全でなくても結構です。
　夢にタイトルをつけてみましょう。「トラの夢」「空を飛んでいる夢」など簡単なものでかまいません。

タイトル	
夢の概要	
いつ見た夢？	
場所は（どこ・どんな雰囲気）	
登場人物は（どんな人、実在？性別は、年齢は、どんな性格）	
夢から何を連想しますか？何の夢だと思いますか？	
夢を思い浮かべるとどんな気分に？からだの感じは？	

　できるかぎりフォーカサーの予想していないような質問に飛びましょう。

- **フォーカサーの裏をかく**：フォーカサーが注目していない部分、軽く見ている部分、不明確な部分などに注目しましょう。
- **バイアスコントロール**：フォーカサーの認知や感覚と正反対の視点を試してみましょう。夢に対して、フォーカサーが否定的な感覚を持った部分があれば、その部分に対する認知や感覚を聞きます。
「身勝手な人なんです。私はその人が苦手で、いつも避けてしまうんです。」
その認知や感覚と正反対の視点を導入してみます。
「その人のことを大好きだと思ってみたら、どんな気持ちになります？」
普通、このような質問をすると、フォーカサーは受け入れがたい苦痛な表情になることがありますが、あえてその二つの視点からくるフェルトセンスを同時に抱えて、その全体から何が出るか待ちます。
- **おすすめの夢**：恐ろしい夢、気持ちの悪い夢、わけのわからない夢、恥ずかしい夢など、変な夢ほど楽しいものが出てくるようです。
- **遊びの感覚**：遊びの感覚が大事です。一生懸命やろうとしない方が安全ですしうまくいきます。ネガティブな側面を持った夢には、ポジティブなものが詰まっているという確信がガイドにあると、思いがけないものが出てきやすいようです。

質問早見表

1. 何が心に浮かんできますか
   夢について、どんなことを連想しますか。
2. どんな感じがしますか
   夢の中でどんな感じがしましたか。その夢がもっていた全体の感じを感じてください。
   生活の中で、どんなことがその感じに近いでしょうか。
3. きのうのことは
   (昨夜の夢)きのう何をしましたか。(以前見た夢)夢を見たころに、何がありましたか。
4. 場所は
   夢に出てきた主な場所から、何を思い出しますか。そういう感じのする場所はどこでしょうか。
5. 夢のあら筋は
   夢のあら筋を要約してください。生活の中でどんなところがその話に似ているでしょうか。
6. 登場人物は
   この人から何を思い出しますか。からだはどんな感じがしますか。
7. それはあなたの中のどの部分ですか
   登場人物があなたの心のある部分を象徴していると仮定してみましょう。
   その人のような性格や気持ちが自分の一部としたら、どう感じますか。
8. その人になってみると
   夢の登場人物の一人(あるいは夢の中に出てきた物、動物)になってみましょう。
   イメージの中でその人(物、動物)になってみましょう。
   その人(物、動物)は、どんなことを言いたいでしょうか。どんな気持ちでしょうか。
9. 夢の続きは
   夢の最後か重要な場面を思い浮かべましょう。
   そして、そのまま待ってみましょう。次にどんなことが起こるでしょうか。
10. 象徴は
    夢で出てきた物や人が、何かの象徴だとしたら、どういう感じがするでしょう。
11. 身体的なアナロジーは
    夢で出てきた物や人が、あなたのからだの一部を表わしているとしたら、それはどこでしょう。
12. 事実に反するものは
    夢の中で目立って事実と違っているのは何ですか。夢と現実とで、感じ方の異なる部分は？
13. 子どもの頃のことは
    夢に関連して、子供の頃のどんな思い出が出てきますか。
    子供の頃に、この夢と似た感じを感じたことはあったでしょうか。
14. 人格的な成長は
    あなたはどんなふうに成長しつつありますか。
    あなたは何と闘っているのですか。何でありたいのでしょうか。何をしたいのでしょうか。
15. 性に関しては
    もし夢が性的なものに関連があるとすると、夢は何を言おうとしているのでしょうか。
16. スピリチュアリティに関しては
    夢は、創造的な可能性、スピリチュアルな可能性について何かを語っていませんか。

(ジェンドリン(1988)をもとに作成)

ひろがり

　ジェンドリン流の夢解釈では、どのような理論からの解釈でも、フォーカシング的に試してみることができます。おそらく、特定の理論が「正しい」のではなく、ある質問によってたまたま変化が生じたということなのかもしれませんが、それはフォーカシング的には強力な効果です。夢以外の素材に対しても、夢フォーカシングの方法が役に立つことがあります。

参考文献　Gendlin, E. T. (1988)『夢とフォーカシング――からだによる夢解釈』村山正治訳，福村出版．
　　　　　田村隆一(1999)「フォーカシングと夢分析――臨床上の有効性と留意点」『現代のエスプリ 382』，pp.122-130，至文堂．
　　　　　田村隆一(2002)「夢のフォーカシングとシフトの質的差異――最も古い夢フォーカシングの事例からの考察」『クライエント中心療法と体験過程療法――私と実践との対話』村山正治・藤中隆久編，ナカニシヤ出版，pp.187-201．

内観フォーカシング

小林孝雄

　内観法（内観療法）は、吉本伊信（1916-1988）が創始した自己修養法です。標準的な内観法の形式は、内観研修所にて一週間行う「集中内観」で、一人で一日中、両親や配偶者など身近な人物との関係において自分はどうであったかを調べる（思い出す）作業に従事します。私たちは知らず自己中心的な見方で他人やものごとをとらえて不平不満を抱いてしまいます。内観法は、この自己中心的なとらえ方を見直すことで、自分が身近な人たちから大事にされていたことに気づき、この気づきによって、そのように大事にされてきた自分を、自分自身が大事にするようになることにつながるとされています。

　この内観法を日常的に行う工夫の一つが「内観フォーカシング」です。（所要時間50分程度）

やりかた

対象：小学生から大人まで。内観法、フォーカシングの経験がなくても実施できます。集中内観経験者はフォローアップとしても有効です。あらかじめフォーカシングの知識・経験があるほうがスムーズに実施できます。

手順：一人でも、リスナーと二人または集団でも実施できます。
　　　まず、内観法の「思い出す」作業を15分行い、そのあとに30分フォーカシングを行います。内観法で思い出したことがらを記録する用紙を準備しておきます。

〈用紙の項目〉
- 誰との関係における自分を調べますか？　母親、父親、その他（　　　）
- 何才から何才までの時期について調べますか？　（　　才〜　　才）
- 思い出したこと（大きなことを１つか２つ。具体的に。）
  1.「してもらったこと」
  2.「して返したこと」

3．「迷惑をかけたこと」 *1～3はスペースを十分とる
- フォーカシングで出てきた感じ

手順・教示：〈内観法15分〉教示して行う場合、教示者は内観法の作業の説明をした後は内観者（内観する人）を邪魔しないように静かに待機します（退室してもよい）。

〈教示〉まず、誰との関係における自分を調べるか決めます。通常は母親から始めます。そして調べる時期を決めます。はじめは生まれてから6才くらいまでにしましょう。調べる（思い出す）作業は、次の3つの項目に沿って行います。

1．してもらったこと
その人は、自分のために、どんなことをしてくれたことがあったでしょうか。抽象的・漠然とした内容ではなく、具体的な事実・エピソードを思い出します。
　（例）　×　「幼稚園のとき、毎日やさしくしてくれました」（漠然としている）
　　　　○　「幼稚園のとき、毎日、朝早く起きてお弁当を作って持たせてくれました」
　　　　○　「保育園のとき、手提げ袋を作ってくれました」
　　　　○　「風邪で熱を出したとき、おかゆを作ってくれました」

2．して返したこと
自分が、その相手のためと思ってしてあげたことには、どんなことがあったでしょうか。
　（例）　×　「勉強を頑張っていい成績をとってあげた」（相手が喜んだとしても、勉強は相手のためではなく自分のためにすること）
　　　　○　「肩をたたいてあげた」「食器を洗うのを手伝った」

3．迷惑をかけたこと
自分が、その相手にどんな迷惑をかけたことがあったでしょうか。
　（例）　「欲しいおもちゃを、買ってくれとしつこくせがんだ」
　　　　「せっかくつくってくれたご飯を、おいしくない、と言った」
　　　　「風邪を引いて夜通し看病させた」
　　　　「学校から何度も呼び出しが来た」

大切なことは、「実際にあった事実・出来事」を調べる（思い出す）ことです。そのときどう感じたか、どんな気持ちがしたかには注目しません。アルバムの写真を見返すように、具体的に思い出していきます。

まずウォーミングアップを行います。（ゆっくり間をとりながら。内観者は目をつむる）
　あたかもその光景を見ているように、ありありと思い出してみましょう。子どもの頃、どんな場所に住んでいましたか？　家の周りはどんなところでしたか？　よく遊んだところはどんなところですか？　あなたの家はどんな家でしたか？　壁の色、屋根の色はどんなでしたか？　入口のドアはどんなドアでしたか？　ドアを開けて家の中に入ってみましょう。家の中に、若いころのお母さんやお父さん、他の家族がいますか？　お母さんお父さん、他の家族は、あなたにどんな話をしてくれましたか？
　　*ゆっくり、ゆっくり思い出してください。
　では、3つの項目に沿って思い出していきましょう。思い出す順番は自由です。
（15分経ったら、思い出したことがらを記録用紙に記入する）

〈フォーカシング30分〉
　記録用紙に記入したことがらについて、身体ではどんな感じがするか、確かめてみます。3つの項目のうちのどの項目についてでも構いません。（フォーカシングは標準的な手順に沿って行います。）内観法で思い出したことを報告しながら身体の感じを確かめても構いません。また、フォーカシングを行っていると、あらためて思い出されることが出てくることもあります。その場合も、身体の感じに触れながら、思い出したことを報告しても構いません。

たとえば

　セッションを1回だけ実施しても、新たな気づきや新しい見方が得られることが期待できます。また、年代を移りながら（6才以降は、3〜6年くらいに区切りながら。学校の区切りに合わせてもよい）、選ぶ人を移りながら、1日2、3セッション行ったり、週1回のセッションを継続して4、5回行うやり方もあります。数回行うと、内観の調べる作業に慣れてくるので、より大きな変化が期待できます。

ふりかえり

　内観法は、基本的には母親について生まれてから6才までの時期から始めますが、思い出しにくい事情がある場合は、母親以外の相手から行っても構いません。
　内観法では、事実を思い出すことに主眼を置き、そのときどう感じたかということには注目しません。しかし、事実をありありと思い出すことで、感情も大きく動かさ

れることがあります。集中内観では、事実だけを思い出すことを1週間続けることで、大きな感情体験も伴うことになります。日常的に内観を行う場合は、フォーカシングを組み合わせることによって、たとえ短時間でも動いた感じをじっくり味わうことが期待できます。

　(例)「……胸のあたりに、なんか感じがあります。(間)ちょっと別の場面が思い浮かんで、……写真が残っていて……その写真をなんとなく思い出して、まあ、母も私も、にこにこして、天気が良くて。(声に詰まる)……胸のあたりにはやっぱり感じがあって……えーと、なんかその写真を思い出すと涙が出てくる。なんなのかはよくわからないんですけど。……まあなんか、すごくにこにこしている、母も父も私も、にこにこしている写真が思い浮かべられて……ささやかながらも、楽しんでいたんだなあと。(声に詰まる)」(小林, 2009)

内観法を行うことで、自分が身近な人から大事にされていたこと、自分がそのことを忘れていたことに気づくことが期待できます。(内観法の実践家、柳田鶴声は、このことを「愛の落穂ひろい」と呼びました。)また、自分がたくさんの迷惑をかけていたにもかかわらず、自分を見捨てずに世話をしてくれたことにも、実感を伴って気づくことが期待できます。これらのことによって、自責の念につながるのではなく、しみじみとした感謝と、また、そうやって大事にされてきた自分自身を大事にしようという想いにつながると考えられています。

ひろがり

人だけではなく、ペットや、身近な物との関係における自分を調べる内観を行うこともできます。たとえば学校なら机や椅子・学用品について、「してもらったこと」「して返したこと」「迷惑をかけたこと」を調べます。仕事をしている人ならば、仕事道具や靴やスーツ、バッグ、家庭での自分を調べるならば家具や調理用具でも内観ができます。

参考文献　伊藤研一（2001）「フォーカシングと内観療法の統合使用の試み」『人間科学研究：文教大学人間科学部紀要』, 23, pp.67-76.
　　　　　小林孝雄（2009）「「内観法」における体験の変化の検討——内観法、フォーカシング、内観フォーカシング」『文教大学臨床相談研究所紀要』13, pp.3-11.
　　　　　三木善彦・三木潤子（1998）『内観ワーク——心の不安を癒して幸せになる』二見書房.
　　　　　村瀬孝雄（1996）『内観——理論と文化関連性』（自己の心理学3）誠信書房.

ポジティブ心理学とフォーカシングの交差

ジョアン・クラングスブルン
(日笠摩子：訳)

人数：　年齢：

　私たちは問題や心配事ばかり思い返しがちです。しかし、最近の研究では、肯定的（ポジティブ）な体験や感謝や喜びなど肯定的感情への注目の方が、よりよい行動やより広い視野の考え方につながることがわかってきました。肯定的な側面への注目は、心理学的なレジリエンス（困難を乗り越える力）も育てます。肯定性が高い人は、エネルギーが高くより健康度も高いのです。ここでは、心理的幸福につながる3つの実習を紹介します。うれしい感情や出来事、フロー状態、感謝の気持ちの表現についてフォーカシングしてみましょう。

やりかた

対象：思春期から大人まで。
手順：グループ全体に以下のように教示しますが、その後ペアでシェアする機会を持ちましょう。

【実習1】うれしさ・満足・楽しさ・喜びをもたらす活動や出来事や状況を思い出してください。／その状況を自分の五感全部で再体験しましょう。何が聞こえ、どんな香りがし、何が見えていたでしょう。その体験を思い出すと、からだはどんな感じになるでしょう。／その体験のいちばんいいところはどこでしょう。それをことばで表しましょう。そのことばはぴったりでしょうか。／今の生活に、その感じをもっと取り入れたいでしょうか。

【実習2】今度は、自分の大好きな活動を一つあげてください。我を忘れて熱中して活動し自分の最大能力を使っている状態です。活動だけに専心し自分を忘れている状態です。それをフロー状態と言います。仕事やスポーツや創作活動に夢中になっているときや友だちを助けているときなどがその例です。／次に、自分がフロー状態のときの感じを思い出しましょう。その状態をことばで表現しましょう。その表現でその体験はうまくとらえられているでしょうか。／次に、これほど夢中になるのは何のためかなと自分に問いかけ、

答えを待ちましょう。／最後に、これをもっと生活に取り入れるにはどうすればいいだろう、と問いかけましょう。

【実習3】今度は、あなたが感謝している人を思い出してください。例えば、自分のことを心配してくれる人、何かを教えてくれた人、必要なときに助けてくれた人です。／その人が前にいることを想像すると、からだはどう反応するでしょう。／その人になにをしてもらったのでしょう。その人のくれた優しさやことばは、その後の自分にどのような影響を与えてくれたでしょうか。／次に、感謝の気持ちをその人に伝える場面を想像しましょう。からだはどうなるでしょうか。／その人がまだ生きているなら、手紙を書きたいか、話をしたいか、内側に確認しましょう。

たとえば

実習1で、私に出てきたのはワルツを踊ることでした。ワルツを踊る楽しさを思い出すと、軽さを感じます。一番いいのは、ことばを使わず自分を表現できる点です。もちろん、私はもっとダンスをしたいです。

実習2、私のフロー状態は、詩を書くときです。その体験は、喜び、不思議、創造性と表現できます。私のからだは、つなぎ目のない一体となります。私はその瞬間に十分生きています。詩を書く時間を確保したいし、きっとそうします。

実習3で浮かんだのは、私が35年前、教師として初めて赴任した学校の上司ジャックでした。彼は私に「取り返しのつかないことではない。失敗は直せばいい。実験して失敗から学びなさい」と言ってくれました。そのことばは私に自由と勇気を与えてくれました。彼を思い出すだけで創造的になれます。うまく行く古いやり方に固執せず、新しいことに挑戦できるのは彼のおかげです。

ポイント

楽しい出来事や気持ち、フロー状態を思い出す効用は、第一に、自分の心身に影響を与えた肯定的状態を再体験できる点です。第二に、肯定的状態は、否定的な状態や行動を解毒してくれます。第三に、感謝も含めてポジティブなことを思い出すことは、考え方の枠を広げてくれ、困難な課題に取り組む際の資源を増やしてくれます。第四に、肯定的な感情は、身体的健康にもよい影響を与えます。

参考文献 Fredrickson, B.(2010)『ポジティブな人だけがうまくいく3:1の法則』植木理恵監修, 髙橋由紀子訳, 日本実業出版社.
Seligman, M.(2011) Flourish NY Free Press.

アートをフォーカシングする
絵はがきを利用して

エルフィー・ヒンターコプフ（日笠摩子：訳）・森川友子

人数： ONE-PERSON　PAIR　GROUP　　年齢：

　1980年代はじめ、ドイツでのワークショップを行っていたときのことです。次のワークショップの前に一日休みがあったので、私はミュンヘンでアルテ・ピナコテーク美術館に行きました。この美術館では、レンブラント、ティツィアーノ、エルグレコといった主だったヨーロッパの画家それぞれに部屋が割り当てられていました。私は、部屋によってそれぞれ独特の複雑なからだの感じ「フェルトセンス」（Gendlin, 1982)を感じることに気づきました。帰りに私は、自分の気持ちが動いた画家の絵はがきを購入しました。それ以後、私は世界中のさまざまな美術館で絵はがきを買うようになりました。その絵はがきを使ったのが次の実習（Hinterkopf, 2000）です。

やりかた

対象：クライエントもカウンセラーも対象にできます。できればフォーカシングの知識を少々持っている方が望ましいです。

手順：床かテーブルの上にたくさんの絵はがきを広げて、参加者に、何か惹きつけられる絵はがき、気持ちが刺激される絵はがきを一枚選んでもらいます。はっきりしないけれど意味があるような絵はがき、エネルギーを感じる絵はがきでもいいです。そして、自分の選んだ絵はがきを眺めて、自分の注意を引きつけたのは何だろうと感じてもらいます。
　実際には次のような教示をします。

教示：今、あなたは、何か意味がありそうな、自分の気持ちを刺激する作品を選んでいます。その作品の何が自分の注意を惹きつけるのかをこれから探っていきましょう。
　まず床に触れている足、椅子に支えられている自分のからだを感じましょう。ゆったりと楽に、自分の呼吸に注意を向けましょう。（間）やさしく注意を自分のからだの中に向けていってください。（間）
　ここであなたの注意を引きつけた作品を思い出しましょう。

その作品、あるいはその作品の一部は、からだではどんな風に感じられるでしょうか。ゆっくり時間をかけて、その感じを表現するぴったりなことばを見つけましょう。身体感覚や感情が出てくるかもしれません。イメージが出てくることもあります。（間）

次に自分に「私の生活の中で何か、こんな風に感じられるのものはあるかな」と問いかけましょう。答えが出てくるのを待ってください。自分で答えを作りだす必要はありません。からだでも納得する答えを見つけましょう。

ゆっくりその作品を自分のからだでどう感じているか確かめましょう。

問いかけをしてもいいです。「私にとっていちばん重要なのは、一番意味があるのは何だろう。」そのこと全体を感じて、その表現としてふさわしいことばを見つけましょう。答えが浮かぶのを待ちましょう。

自分の気持ちに「このことで一番いいのは何だろう」と問いかけてもいいですね。ここでも答えが浮かぶのを待ってください。そして、その表現でぴったりかどうか確かめましょう。

ゆっくりと自分の気持ちとつきあってください。何が浮かんできても、やさしく思いやりを持って見ていきましょう。

もういいなと思われたら、部屋に注意を戻してください。

その後、参加者がそれぞれ自分の体験を話します。6人あるいは8人以上のグループの場合には、ペアか小グループを作って、その中で話してもらいます。参加者の多くは、ワークショップの中でこの実習が一番好きだと言います。驚きのある体験になるようです。より大きな次元に導かれることも多いようです。

たとえば

ここでこの実習の参加者の事例を紹介しましょう。

葛飾北斎の《神奈川沖浪裏》

ある参加者は、近景で巨大な波頭が砕け、背景に富士山に見える北斎の絵はがきにフォーカシングをしました。彼女は忙しいとき、波にもまれるままでどうしようもなくなると語りました。興奮もするし不安も煽られます。その後、彼女は波の後ろに平和と穏やかさを感じました。出てきたことばは「静けさ」です。「その静けさとともにいると、興奮も不安も和らぎます。」彼女はまた瞑想を始める必要があることに気づきました。

マルク・シャガールの《燃えるブーケ》

ある参加者はシャガールの絵はがきを選んで、自分が批判されると内側で崩れてし

まうのはなぜか、ということにフォーカシングをしていたと報告しました。その絵はがきにフォーカシングをして、彼女が特に惹きつけられたのは、背景の青い色が入り込んでいるところで、燃えるような花のブーケの上に浮かんでいる女性ではありませんでした。自分でもなぜ青色に惹かれるのかわかりませんでした。彼女はその青にフォーカシングをしていると、自分のからだが前より大きく自由になるのを感じました。彼女は自分自身に、青の何が自分をそんな風に感じさせるのかと問いかけました。出てきたのは、彼女はもうすでに自分より大きなものにつながっているという答えでした。この気づきから彼女は、自分が他の人が言うよりも大きいということを認識しました。そして他の人が批判しても、崩れる必要も小さくなる必要もなかったのです。彼女はより大きい自己のままでいてもいいのです。

ヴィンセント・ヴァン・ゴッホの《星降る夜》

　ある人は《星降る夜》にフォーカシングをして、光の渦、動き、震える色を通して生きていると感じました。広い筆致の手触りが自分の指に響くのを感じました。彼にとってもっとも重要なのは、前面の、空に達するほど伸びている糸杉でした。この絵のエネルギーと強烈さが気に入ったのです。自分がそのエネルギーを持っていた時期を懐かしむ気持ちもありました。年をとった今、彼はもうそのエネルギーを失っていました。次にわかったのは、この絵の美しさは、より大きなシステムの一部だということでした。失ったものを懐かしむ気持ちと同時に、命の強烈さとエネルギーの両方が彼の中にはあったのです。

ふりかえり

　このような例からわかるように、ほとんどすべての参加者はより大きな次元につながる体験をします。一人の芸術家が深いところから自分を表現したものは、他の人をも深いところに導くようです。深いところに触れてフォーカシングをすると、その芸術作品に導かれて私たちは内側や周りのより広い次元を体験することができます。参加者に自分自身のはがきを選んでもらっているので、その芸術作品はすでにその人の琴線に触れています。参加者はすでにフォーカシングすべき意味ある場所を持っています。この実習のすばらしいところは驚きをもたらしてくれるということです。参加者は、作品へのフォーカシングによって新しい何か、より大きい何かがもたらされることを体験できます。フォーカシングと美をともに探ることは大きな力を持っています。もっと探求され開発されてもいい領域だと思います。

ひろがり　（森川友子）

　絵はがきを使ったフォーカシングは、日本ではその新鮮さ、手軽さ、楽しさ、かつしっかり充実した体験ができる点が広範囲に受け入れられ、フォーカシングを全く知らない方に対する入門的ワークとしても活用されています。

　絵はがきフォーカシングの継続的グループも存在します。私たち、福岡の「フォーカシングを日曜にやるかい」は月1回の集まりで毎回、絵はがきフォーカシングを行っています。誰かが教示を読んで絵はがきフォーカシングを行い、その後、一人ひとりが体験を語ります。もう10年以上も続けています。なぜ私たちはこんなに長く、絵はがきフォーカシングをしているのでしょうか。いくつかの理由が思いつきます。

- 私たちは多忙な対人援助職で、疲れ切った週末に相互のフォーカシングセッションを持つエネルギーが残っていませんが、これなら手軽に出来ます。
- 絵はがきフォーカシングでは、最近の自分の感じや、今の自分が求めているものを、端的に掴むことができます。
- 他のメンバーの心境についても、絵はがきを通して語ってもらうと、とても共感しやすいです。
- 絵はがきから思わぬ新鮮なエネルギーをもらえます。
- その後の日常で必要な感覚を、絵はがきの視覚イメージとともに容易に思い出せます。心細い月はそのカードを持ち帰り1カ月間お守りにすることも出来ます。
- 絵はがきの裏に日付と選んだ人の名前を書いておくと、時々自分たちの歩みを振り返ることができて面白いです。

　はがきの数は多めが良いです。たくさんあっても必要なカードはすぐ目に入ってくるので、多すぎることはありません。私たちは会として100枚持っています。複数の人が持ち寄り、時々新しいカードを入れると新鮮さが保てます。

参考文献　Hinterkopf, E.(2000)『いのちとこころのカウンセリング――体験的フォーカシング法』日笠摩子・伊藤義美訳，金剛出版.
　　　　　Gendlin, E.T.（1982）『フォーカシング』村山正治他訳，福村出版.

第5章

実践：人生のそれぞれの場面で

キャリアデザイン
「人生の色」ワーク

土井晶子

　キャリアデザイン、というと、一般には「仕事選び」や「就職・転職」のように考えられがちですが、「キャリア」は仕事や会社選びだけではありません。近年は「ライフキャリア」という視点から、仕事も含めた「個人の生き方全体」のことをキャリアと呼んでいます。自分にとって納得のいく「キャリア」を考えるためには、自分の持っている強みや持ち味、大事にしている価値観、すでにある豊かさを活用していくことがポイントになります。「自分の強み・自分にとって大切なこと」を確認してみましょう。「人生の色」というワークです。（所要時間40分～1時間程度）

やりかた

対象：おおむね、高校生以上。フォーカシング経験の有無を問いません。

手順：(1) 用意するもの
　　　　A4サイズ程度の白紙もしくは画用紙を人数分。
　　　　色鉛筆（各グループにつき1セット）、クレパス（できれば16色以上）を各グループにつき2セット程度。その他、サインペンなどの画材を適宜。

　　　(2) 机の配置と準備物のセット、メンバーの着席
　　　　4人1グループでアイランド形式。各アイランドに人数分の白紙（画用紙）と色鉛筆1セットを配付しておきます。クレパスはこの時点ではまだ配りません。メンバーには、最初は好きな場所に座ってもらいます。シェアリングの時に席替えをします（教示参照）。席替えをすることはメンバーには告げません。

教示：1. 色鉛筆のケースを開けてみてください。そして、「今日、自分を呼んでいる色」を選びましょう。自分が好きな色、とか、自分のテーマカラーではなく、「今日の自分がなんとなく心惹かれる・気になる色」を選んでください。どの色を選ぶかに特別な意味はありません。「なんとなくこれ」で選びましょう。他の人と同じ色になってしまっても構いません。ピンとこ

ない人は、実際に何本か手にとって眺めてみるといいかもしれないですね。
2．では、利き手を開いて、手のひらを上に向けて、紙の上に置いてください。紙の向きはご自分の好きにしていただいてけっこうです。
3．利き手と反対の手で、先ほど選んだ色鉛筆を持って、今、紙の上に置いている利き手の輪郭をなぞって手型を取ります。今、色鉛筆を持っている手は利き手ではないので、動かすのが難しかったり、ぎこちなかったり、うまく使えない感じがあるかもしれませんね。上手に描く必要はありませんので、ゆっくりその「ぎこちなさ」や「違和感」も味わいながら、作業しましょう。
4．手って、いろんなことをしていますよね。手渡す、受け取る、大事に持つ、手をつなぐ、つかむ……。今、描いた手の輪郭（手型）を眺めながら、自分にこんなふうに尋ねてみましょう。「自分は、何を手渡してきたのかな。何を受け取ってきたのかな。どんなことを大事に持っているのかな。どんなふうにまわりの人と手をつないで、どんな関係を作っていきたいと思っているのかな。」ゆっくり時間を取って、何かが浮かんでくるのを待ちましょう。（この時にクレパスその他の画材を、追加で各テーブルに配布する）
5．浮かんできた事柄、感じや言葉、イメージを、自分の手型に描き込んでいきます。手のどのあたりがぴったりでしょうか。指先、手のひら、手のまわり。どこにどんなふうに描くとぴったりか、色や線、シンボルマーク、言葉など、どんな描き方がしっくりくるか、確かめながら描いていきましょう。自分に分かればよいので、上手に描く必要はありません。色鉛筆、クレパス、手持ちの筆記具、その「感じ」にぴったりなのはどの画材で、どんなタッチでしょうか。事柄が浮かんできている人は、できればその事柄をゆっくり感じてみて、浮かんできたそのことについての感じやイメージも加えていきましょう。
6．一通り描けたら、デコレーションしていきましょう。それぞれの事柄や気持ち、イメージ、どれもが自分にとって大事な「何か」です。それぞれを大事にする気持ちで、装飾したり描き足したりしていきましょう。
7．眺めてみて、気づいたことを空いているスペースにメモしてみましょう。タイトルをつけてみてもいいかもしれません。
8．（シェアリングの前に、グループを組み替える）
　　では、シェアリングに入りますが、いったんグループを組み替えます。（最初に選んだ色鉛筆の色ごとに、グループ分けする）では、メンバーが変わりましたが、お一人ずつ、描いていたときのこと、描き終わった今の感じなどについて、お話ししてください。

第5章　実践：人生のそれぞれの場面で

たとえば

　フォーカシング指向アートセラピーの第一人者であるローリー・ラパポート氏が「手のワーク」としてワークショップで紹介したもの（池見・ラパポート・三宅, 2012）に着想を得て、キャリアデザインのワークショップで使うために考案したワークです。ワークの作成にあたっては、ワークショップを共同で担当した平井達也氏の助言と協力を得ました。シェアリングの時に、ワークについてだけでなく、簡単な自己紹介を加えてもらうと、ゆったりとした自己紹介ワークにもなります。自分の人生をふり返り、自分にとって大事なものや関係を見つめ直す時間になりますので、キャリアデザイン以外でも、対人援助職を対象としたセルフケア研修、企業でのストレスマネジメント研修など、文脈を工夫していろいろな研修・ワークショップに応用可能です。

ふりかえり

　足りないものを外に求めるよりも、すでに自分が持っている豊かさや強みに着目する方が、「自分らしいキャリア」につながります。フォーカシングを使うことで、「～すべき」という縛りから自分を解放し、「当たり前」と思っていた自分の持ち味に目を向けることができるでしょう。

　手はイメージを喚起しやすく、メンバーによってはかなり深いワークになることもあります。ワークショップの「導入」という位置づけの場合は、あっさりした教示にしたり、シェアの時間を短くしたりすることで、メンバーの負荷を調整すると、その後のワークで息切れせずにすみます。

　利き手と反対の手で輪郭を描いてもらうのは、全員が上手に描けない状態を作り、描画への心理的抵抗を下げる意味もあります。また、つまずきながら苦労して描くことで、自分の今の感じや感覚に注意が向きやすくなります。

　色鉛筆の色に応じたグループ分けは、時間がない場合はしなくてもかまいませんが、ワークショップでこの「色別グループ」をホームグループとして使うと、メンバーの一体感が生まれやすいようです。

　「呼んでいる色」がグループで重なる場合は、一人ずつ順番にその色を使ってもらいます。別の色に妥協させないことが大事です。

ひろがり

　教示の時制を過去・現在・未来と変えることで、導入に使ったり、最後のまとめに使ったりと変化をつけられます。例えば、「これまでに受け取ったもので、何を大事にしてきたのかな」（＝過去）や、「これからまわりの人とどんなふうにつながってい

きたいのかな」（＝未来）などです。

　また、もう片方の手も型どりして、片方をこれまでの自分、もう片方をこれからの自分と見立てて、「これまでの自分」と「これからの自分」の両方に問いかけるワークにもできます。「これまでの自分」の手に描き込んだ、今、すでに持っている強みや持ち味を、もう一方の手に色鉛筆で線を引いてつなぐことで、「これからの自分」に役立つ何かをプレゼントしたりすることもできるでしょう。

参考文献　Doi, A. & Motoyama, T. (2012) Recovering Your Connection to the World: Empowering Healing Professionals to Regain Passion for Your Work and Life, Paper presented at the 10th World Conference for Person-Centered and Experiential Psychotherapy and Counseling, University of Antwerp.
　　　　　Fredrickson, B. (2009) Positivity. Crown Archetype.『ポジティブな人だけがうまくいく3:1の法則』高橋由紀子訳,日本実業出版社,2010.
　　　　　池見陽・L. ラパポート・三宅麻希（2012）『アート表現のこころ──フォーカシング指向アートセラピー体験etc.』誠信書房.
　　　　　Peterson, C. (2006) A Primer in Positive Psychology. Oxford University Press.『実践入門　ポジティブ・サイコロジー』宇野カオリ訳，春秋社，2010.

からだほぐしとフォーカシング

白岩紘子

人数： ONE-PERSON　PAIR　GROUP　　年齢：

　吐く息を意識する「からだほぐし」は、"からだ・こころに間をつくる"ためのボディワークです。東京フォーカシング研究会(注1)のグループワークの中で1984年頃から始まったものです。以来30年間、フォーカシング指向心理療法を中心としたセラピーグループの中で、改良し工夫されてきたものです。フォーカシングによって自分の内側を感じようとする前に、まず、からだを整え（調身）、呼吸を整え（調息）、こころを整え（調心）て、からだとこころに充分に間ができた状態になってペアフォーカシングを始めます。気がかりなことや、抱えている悩みや問題に対して適度な距離を取りながら、フェルトセンスに集中することができます。

　近年、からだほぐしの前半部分の足ほぐしの最中に、大脳新皮質の前頭前野の血流がよくなることが、測定の結果明らかになりました(注2)。前頭前野は、感情を抑制したり、調整したり、問題の解決や判断などの精神機能や自発性など、脳全体の司令塔と言われています。

　前頭前野の血流がよくなるという結果を踏まえて、からだほぐしをメインに、少しだけ内側を感じてみるフォーカシングと組み合わせて、フォーカシングに馴染みのない様々なグループでの試みが始まりました。
その実際の事例を2つ紹介します。

(注1)　東京フォーカシング研究会は、故巌谷平三、故川村玲子、井上澄子、白岩紘子が中心となり、1980年から2005年まで活動を続けた、日本における先駆的なフォーカシングの研究会。
(注2)　2005年、2006年、東邦医科大学の脳生理学者、有田秀穂教授のもとで、両足ほぐしの最中の初心者を含む被験者4人の脳の血流測定を行った。

やりかた

手順： 1．左足＆左脚ほぐし
　　　 2．右足＆右脚ほぐし
　　　 3．全身のストレッチと腕、手、顔、頭の指圧、マッサージ

4．首、肩のストレッチ
5．座禅法（瞑想）
6．軽くフォーカシング（今の自分の感じ、最近の自分の感じなどを短いフレーズでことばにする）

　所要時間は、1．から3．まで約1時間、1．から6．まで約1時間半から2時間。企画の目的や参加人数によって、1．から6．まで、適宜、組み合わせを変え、時間を調整します。

全ての動作に共通する約束ごとは、できるだけ息を長く、そしてゆっくり吐くことに集中しながら行います。そして、部位の痛みの感じの違いや、気持ち良さの違いを感じながら行います。

ホリスティック心理学研究所主催のワーク

1．左足＆左脚ほぐし（床に足を伸ばして座る）
　始める前に、前屈して、身体のかたさや、腰、脚の裏側の張りを感じてみます。「今の身体はどんな感じなのか？」その感じを覚えておきます。
　　注意：腰痛の人は、座布団を2枚重ねるか、椅子に座って行います。痛みがあるときはやめましょう。

　⑴　足首まわし
　　左足の靴下を脱いで右膝の上辺りにのせます。
　　左足首を持って、息を吐きながら大きく10回、反対回し10回。
　⑵　足指の脇をもって、親指から1本1本引き抜くように引っ張ります。
　⑶　足の指の間を両手で開きます。第5指と第4指から始めて第1指と第2指までやります。

　⑷　指を交互に開きます。右手で親指、左手で第2指を持ち、左右に開きます。次に、同じ指を持ち替えて、反対に開きます。1本ずらして第2、第3、第3、第4という順で行います。

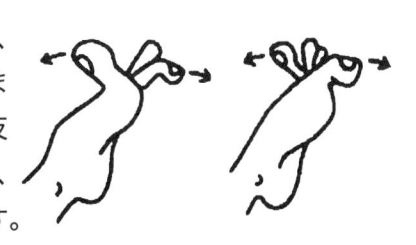

⑸　足の指全部を足裏の方に曲げます。次に足の甲の方に曲げます。
⑹　足のひねりです。
　　①右手で左足下から甲を持ち、左手の親指と足裏の親指を合わせて、足裏を上に向けてひねります。
　　②甲を上に向けて、左手を足裏の下から持ち、足甲の親指部分と右手の親指を合わせて、下に押すようにし、足甲をひねります。
⑺　左足指と右手の指で握手し、左手で足首を持ち、手前に10回、反対に10回まわします。
⑻　握手したまま、足はリラックスして、右手指に力を入れます。
　　次に右手はリラックスして、足指に力をいれます。
⑼　足裏を手の左右の親指の爪で刺戟します。
　　①はじめに足裏の第2と第3の指の間から3cmぐらいのところ、湧泉のツボから土踏まずの左に向かって斜めに5～10回刺戟します。
　　②親指裏をチクチク圧し、第2指との間を刺戟して、第2指に移ります。第5指まで刺戟します。
　　③第5指の付け根から、親指に向かって指の付け根を刺戟します。
　　④親指の付け根から踵にむかって刺戟します。少しずつずらして指の付け根から踵に向かい、第5指までやります。
次第にあくびがでてきます。あくびは止めないで、あくびが出るままにまかせます。気持ち良い感じを味わいながら進めます。
　⑽　足の甲の骨と骨の間を刺戟します。両手の指で、外くるぶしと内くるぶしの周りを包み込むようにぐるぐると圧します。
　⑾　左脚を外側に倒し、脚の内側を両手で指圧します。3～4回繰り返します。
　⑿　左脚の外側も3～4回指圧します。
　⒀　膝を立ててふくらはぎを刺戟します。
　⒁　脚全体をさすったり、軽くたたいたりして整えます。
　⒂　以上で左脚は終わりです。
両足を前に出して前屈をして、からだと気持ちの変化を感じてみます。
2．次は右足＆右脚ほぐし。左足と同じ要領で行います。
　　以上で下半身の指圧とほぐしが終わりました。
　　最後に両脚を前に伸ばして、息を吐きながら上体を前に倒します。足ほぐしの前に行った一回目、左足の指圧の後の二回目、そして両足が終わった三度目の感じの違いを感じてみます。
3．全身のストレッチ
　　床に上向きに寝て上半身、体側、腕，脚、顔、頭などの指圧やリンパマッ

サージを行います。詳細は省きます。
4．座って首、肩のストレッチを行います。詳細は省きます。
5．座禅法（瞑想）
座布団を二つ折りにして、座禅スタイルで座ります。背筋を立てて、息を吐きます。呼吸を繰り返します。身体の状態を維持しながら呼吸に集中します。浮かんでくることは、息を吐きながら、からだから流します。5～10分続けます。からだほぐし全過程は終わりです。
6．休憩の後、フォーカシングとシェアリング
今の自分の感じ、最近の自分の感じなどにフォーカシングをします。その感じられたことを短いフレーズでことばにします。

たとえば

1. 「からだと心の気づきのワーク」　心理的な問題のために子育てに困難さを抱えている母親たちを対象に、2006年から月1回、継続的に行っています。（一対一の乳幼児保育あり）。現在、同じ形式で、3か所の地方自治体の子育て支援の一環として行っています。内容は、からだほぐし1時間、フォーカシングとシェアリング20分。
2. 「からだほぐしのボディワーク」　精神科病院で入院患者のストレスケアと外来患者の復職プログラムの一環として、月2回（年間22回）行っています。対象者は、気分障害圏の患者（うつ病・躁うつ病）。内容、からだほぐし1時間半、フォーカシングとシェアリング30分。4年間延参加者550人のアンケートからは、身体が暖かく、呼吸が楽になり、不機嫌な感じが軽減し、頭がスッキリするなど、身体や気分が良好な方向に変化していることが伺えます。

「からだほぐしの全過程」は、shiraiwa616k@gmail.comに問い合わせください。

参考文献　白岩紘子・朝山寛子（2011）「からだほぐしの心理療法的側面」『日本人間性心理学会第30回大会論文集』

ホッとできる子育て親育ち
4回シリーズの親向け講座

石井栄子・小山孝子

人数： GROUP　　年齢：

「親なのに優しくなれない」「子どもの気持ちがわからない」「怒ってばかり」など、子育て中の親たちの背中には「不安」「焦り」「いらだち」が重くのしかかり、そのストレスで、さらに親子関係をギクシャクさせてしまいがち。親になるとなぜか誰もが振り回されるこのストレス。フォーカシング的態度で、気持ちが軽くなり、親の自己肯定感が増し、さらに子育てが楽しくなるための講座をご紹介します。

やりかた

子育て中の親を対象に月1回の4回講座 （表1を参照）

配慮点

①フォーカシングを学ぶことより、フォーカシング的要素を取り入れた講座によって、気持ちがホッとやわらぎ、身体が楽になる感覚がわかるようにすることを大事にしましょう。
②日常、誰もが体験する場面を想定しフェルトセンスとつなげる（実感できる）ワークを組み立て、参加者が理解しやすくしましょう。
③親の負担感を軽くするために、ワークで学んだことは1ヵ月に一度できればよいことを繰り返し伝えておきましょう。

ポイント

参加者が回を増すごとに気持ちが解放されて行く様子が伝わってきます。
参加者自身からも「子育てが楽しくなった」「自分にも、子どもにもイライラしなくなった」等の声が聞かれています。
講座を始める前は「今の自分は召使」と感じていたのが、終了後は「自由な王様」

表1

	フォーカシング的要素	ワーク内容	参加者の心の変化
1回目	●フェルトセンスってどんなもの？ ●内側のモヤモヤに目をむける ●モヤモヤがやわらぐ感じの体験	●ワーク1 ……次ページ参照 フェルトセンスを感じてみよう ―近づく演習を工夫して―（次ページ） ●ワーク2 ……次ページ参照 子育て中のモヤモヤの列挙 ①日常の子育てで、腹がたつこと、イライラすること、叱ろうか迷うことなどを具体的に黄色の付箋に書く。 ②黄色の付箋を書いた人の気持ちに寄り添い元気になるような言葉をピンクの付箋に書いて貼る。誰からもピンクの紙が貼られていない人がないように、一人何枚でもよい。 ●今日の活動をして気付いたこと感じたことを話し合う。	●気持ちのズレを起こさないことより、子どもが傷ついていることに気づいてあげることの大切さがわかる。 ●ひとりで抱えていた重荷を「この場では下ろしても安心」（安全感）と感じられる。 ●自分だけがダメな親と思っていたけれど、「みんなも同じように、こんな思いをかかえていたのね」と思える。
2回目	●ミラーリングの効果を実感。 ●フェルトセンスは子どもと親を結ぶ共通語	●ワーク3 ……次ページ参照 ロールプレイ・親の三つの態度 (Stapert, 2010) ①指示的態度の親：親主導で子どもを指示して従わせる ②追従的態度の親：子どもが王様 ③ミラーリング：子どものしぐさ、態度、言葉などを自分も真似しながら自分の身体で感じた子どもの気持ちを言葉にして伝える。 ●ふりかえり　話し合い	●子どもの立場から、親の態度を感じてみることができる。 ●3つの態度の気持ちが実感できる。
3回目	●ミラーリングとプレゼンスの態度の体験	●ワーク4 ……次ページ参照 ロールプレイ・子どものケンカを仲介 「貸して、貸してあげない」(小山, 2006) ①大人が解決してあげようとする親（仲裁する） ②ミラーリング：子どもの傍らに居て、互いの言い分をそのまま相手に伝える。（仲介する） ●ふりかえり	●子ども自身で解決できるような大人の援助方法を知ることができる。
4回目	●クリアリング・ア・スペースの体験 ●リスニング ●つながりの確認	●ワーク5： 心の整理（笹田, 2005） ①気になっていることを紙に描く ②聴いてもらう ●連詩（本書 pp.86-89.）	●自分の気持ちの整理を知る。 ●聴いてもらうことの心地良さを知る。 ●子育ては、独りぼっちではないことを知る。

第5章 実践：人生のそれぞれの場面で

と表現するほど、明るい気持ちになっている様子も伺えています。

　子どもを大切に思うからこそ、ちょうどよい距離がとれなくなってしまう親子の関係。でも、フォーカシング的な本講座により、親は、子育ての楽しさもストレスも両方を認められ、子育てにゆとりが出てくるようです。どのワークの時も、「他人の子だったら優しくできるけれど、我が子にはなかなか出来なくて、あたりまえ。1ヵ月に一度、それも自分の機嫌がよい時に練習してみましょう」と「自分にご苦労さま」を言うことを大切にします。

ひろがり

子育てひろば・保育所・幼稚園など、子育て中の親向けに展開し、一人の子育てからみんなでの子育てに変え、気楽に相談できる場をつくることが大切です。

参考文献 Stapert, M.（2010）『子ども達とフォーカシング――学校・家庭での子ども達との豊かなコミュニケーション』天羽和子監訳, 矢野キエ・酒井久実代訳, コスモスライブラリー, pp.255-257.
小山孝子（2006）『わかる子どもの心と保育――からだの実感を手がかりに』フレーベル館, pp.30-32.
笹田晃子（2005）「紙に描きながら（「こころの整理」）」近田輝行・日笠摩子編『フォーカシングワークブック――楽しく、やさしい、カウンセリングトレーニング』日本・精神技研究所, pp.56-59.

フォーカシング指向PCAGIP
学校現場での実践から

佐藤文彦

　PCAGIP（Person-centered Approach Group and Incident Process）とはパーソンセンタードの人間観に基づき村山正治が発展させたグループで行う事例検討の方法です。グループは事例提供者、ファシリテーター、記録者、そして8人程度のメンバーから構成されます。事例提供者の提出した簡単な事例資料をもとに、参加者が順に質問をし、事例提供者が応答することを通じて、事例の状況を徹底して理解します。参加者は事例提供者のやり方を絶対に批判しないこと、記録やメモを取らないことがルールです。また得られた情報は記録者による板書によって目に見える形で整理、共有されます。そして事例提供者と事例を取り巻く全体状況が見えてくると、事例提供者や参加者にさまざまな気づきが起こり、援助や指導の見通しが生まれます。結論を導くことよりも、事例提供者に役立つ新しい視点や取り組みのヒントを見出すことを重視しています。

ケース会議の導入

　学校はさまざまなケースへの支援を求められていると思います。担任やスクールカウンセラーだけではなく、多くの校内支援者のかかわりが必要で、さらに外部機関との連携も必要です。どんな事があり、何を感じたか、ケースにかかわる人たちが情報共有し、それぞれの立場から体験や意見を出し合う事が求められています。ケース会議が必要になってきているのは児童・生徒、支援者にとってよいことだと思います。しかし、さまざまな課題も出てきているようにも思います。

　ケース会議の日程の調整が難しかったり、他の職務もある中での負担感を感じること。そんな雰囲気からか、ケース会議が作業的なものになってしまったり、悪いときには、誰かのせいになったりすることさえあります。「対応するケースが多すぎて支援者自身の思いを話したり、自己確認することができない」「話そうとしてもすぐ時間が来てしまう」「出来事を話すだけで終わってゆく。その結果として、かかわっている実感が持てない、結局うまくいかない……」「ケース会議は単なる情報共有の会

なのか？」「仕事をだれかにふるだけ」「裁判みたいでつらい」などの声をよく聞きました。しかし、会議の後のフリートークの場面や、有志で集まった食事会などの場面では、自由に自分のかかわりを話し合えたり、「自分はこう思っているんだけど……」などの話題が自然に出てくることが多く、「自分はみんなに支えられているんだと思った。」「たのしかった。」「またがんばろうと思った。」「自分とはぜんぜん違う見方があることがわかった。」などの声を聞き、なんでこうなるんだろうと不思議に思うことがありました。

PCAGIP法とケース会議

　勤務校で担当の先生からケース会議のお話をいただくたびに、「PCAGIP法というやり方でケース会をやっていて、とてもよいのでやってみませんか？」とお誘いしてきました。「PCAGIP法は課題が一行でいいので準備はいりません。だれも事例提供者や参加者を批判しないし、アドバイスもしません。全員で参加します。結論がでなくてもいいんですよ」と。担当の先生には「負担がなさそうですね」とか、「それってケース会議なんですか？」「結論がでなくていいんですか??」と言われました。実際にPCAGIP法でケース会議をもつと、事例提供者のみならず参加者からも、「たのしかった」「ふつうのケース会議よりいいと思う」「これならまたやりたい」という感想が多く寄せられました。同時に「沈黙がきつい……」「つい批判的になってしまう」「教員は評価することが仕事」「支援と指導は両立しないと思う」という感想がありました。このような経験する中で、会議の後のフリートークや、有志で集まった食事会などの場面で起きていた、「なにかよいこと」がおこっているなぁ、「なにかよいこと」が起きるような構造をPCAGIP法は持っていると思うようになりました。

　ケース会議には、なにが起こるかわからないような、自然な場、安心していられる場であることが、まず必要なのではないでしょうか。そこでプロセスの展開が期待できればなおよいのでしょう。まるで有志で集まったときのような、参加者が楽で安全であることをまず体験し、プロセスが進むための枠組みを持っているのがPCAGIP法なのです。会議のあと、筆者は自身がファシリテーション力がもっと高ければと思うことが多かったです。しかし、自身のファシリテーション力の向上も課題ですが、同時に参加者や事例提供者のセルフヘルプをサポートすることも大切なことなのではないかと思うようになりました。

フォーカシング指向PCAGIP

　筆者がPCAGIP法を体験したのは、所属する研究会が最初でした。研究会はみながフォーカシングを日常生活、仕事に生かし、フリートークで話し合う、有志の集まり

のようなコミュニティです。自然にPCAGIP法の中にフォーカシングがある、いわばフォーカシング指向PCAGIPの実践の場のようなところです。ですから、PCAGIP法の枠組みも守られますし、セルフヘルプもみなが可能な限りできる状況でした。どんな話題でも可能な限りその場にしっかりいて、期待しすぎることもなく、結果よりもプロセスが大事だとコミュニティが知っている、そんなPCAGIP法が体験できたように思います。

　現場でも同じように「なにかよいことがおこる場」としてケース会議を継続的にもてないかと思っていましたが、短時間しかとれなかったり、数ヵ月あいてしまうことがよくあり、その度に残念に思っていました。ケース会議で体験したこと、感じたことをそれぞれの人が、参加者の役割が取れる人がいない場合にも、セルフヘルプできた方が役に立つのではないか？　プロセスを見守るときの態度を体験することに、フォーカシングを学ぶことが役に立つのではないかと思うようになりました。ですから、最近では、校内研修や、コンサルテーションの時間にフォーカシングについて可能な限りお話しするようにしています。

　実際にフォーカシング指向PCAGIPで会議をもつと、「やっぱりつい批判的になっちゃう」「管理職には参加してほしくない」「フォーカシングは難しい」といった声とともに、「フェルトセンスが意識できたので楽だった」「沈黙が苦痛でなかった」「ゆっくりやれた」「答えは出なかったけどなんか思うところがあった」「子供へのかかわり方にも役立ちそう」という声もでてきました。ケース会議で感じた事から、事例提供者が動けたり、日常的に仲間からサポート受けたり、批判的でない雰囲気をコミュニティがもてたりということが増えてきました。結果として、事例提供者が納得するケースの変化、児童・生徒とのかかわりを体験することも増えてきました。

フォーカシング指向PCAGIPの実践で思うこと

場を意識することとフォーカシング　慣れてくると、「準備はいらないこと。批判やアドバイスをしないこと。全員が参加すること。結論がでなくてもよいこと」を説明しないで始めがちです。この方法自体が「なにかよいことがおこる枠組み」ですから、毎回説明したほうがよいです。レジメが用意されたりということもあると思いますが、枠組みを守ることは大切だと思います。どんな風にいればよいのかについてはフォーカシングの説明、体験をどこかでしたほうが、理解しやすいように思います。会議中の「沈黙が気まずい、きつい」「うまく言葉にならないのがつらい」といった感じも、フォーカシングを取り入れることで違うとらえ方になりやすく、会議が、待ってくれる場、尊重してくれる場としてとらえられやすくなるように思います。また教育現場での特徴的なあり方、例えば、「つい評価してしまう」「アドバイスしてしまう」「こんなこと言えない」「まとめたい」ということには常にフォローが必要であるように

思いました。

雰囲気とフォーカシング　現場で継続的にケース会議をひらくのは難しい場合が多かったです。コンサルテーションの時間がミニPCAGIPになったり、PCAGIP法で体験した感じを再び持っていただけるように心がけると役に立ちやすいと思いました。児童・生徒と先生方がかかわりやすくなり、「なにかいいことがおこる」感じをもつことが多くなると、結果的に雰囲気がよくなるように感じていますし、次の回のケース会議もスムーズなように思います。

フォーカシング指向PCAGIPを学校現場に取り入れること　PCAGIPにフォーカシングを導入することは、楽で、安全な場を作ること、支援者のセルフヘルプに役立ち、コミュニティのコミュニケーションが豊かになると思います。ケース会議で得たものを、支援者が日々の実践に生かしやすいのではないでしょうか。なによりケースを通して、コミュニティが形作られてゆくのはとても魅力的だとも思います。フォーカシング指向PCAGIPは「なにかいいことがおこるケース会議」から「さらになにかいいことがおこるコミュニティ」に向かう役に立つのではないかと思います。

参考文献　村山正治・中田行重編著（2012）『新しい事例検討法PCAGIP入門──パーソンセンタード・アプローチの視点から』創元社.
　　　　日笠摩子（2003）『セラピストのためのフォーカシング入門』金剛出版.
　　　　近田輝行（2002）『フォーカシングで身につけるカウンセリングの基本―クライエント中心療法を本当に役立てるために』コスモスライブラリー.

第6章

フォーカシングを世界に生かす
コミュニティが元気になるために

アフガニスタンの教師のための
文化に即した心理社会的トレーニングの開発

パトリシア A. オミディアン
(佐藤彩有里：訳)

　アフガニスタンは、30年以上にわたって終わる気配のない、絶え間ない戦争状態にある。今日、戦争前の生活を思い出すことができるアフガニスタン人はほとんどいない。このような状況の中で、戦争トラウマを低減し、コミュニティ内のつながりを再構築するためのプログラムが切に必要とされているのである。このプログラムは、平和と和解を促進することを目的としている。この論文では、地域文化に根づいた、コミュニティ・メンタルヘルスの取り組みを紹介する。ポジティブな対処方略を促すことで、心理社会的問題を予防したり対応したりする取り組みである。2002年に著者は、国際救援委員会（IRC）の女性教育プログラム（FEP）で教員トレーナーたちと協力して、アフガニスタンの難民少女に教えるパキスタンの学校教師のための心理社会的ウェルネストレーニングのためのプロジェクトを開発した。このプロジェクトは、教師やその家族、生徒達の心理社会的苦痛やトラウマからの回復を目的とし、ポジティブ・デビアンス（肯定的逸脱）モデルのコミュニティアプローチを応用したものである。このモデルでは、地域内に解決策が存在しているが、まだ認識されていない状態であると想定する。この中で、4つの要素が特に参加者に役立つことがわかった。1) レジリエンシーの探索、2) フォーカシング、3) 何が普通なのか、4) 恩恵の天秤 の4つである。このプロジェクトは好意的に受け入れられ、さらにアフガニスタンで実施されてその有用性が証明された。

キーワード：アフガニスタン難民、アフガニスタン、フォーカシング、ポジティブ・デビアンス、心理社会的ウェルネス、教師

> 「200万人のアフガニスタン人が迫害され、国土の70%が破壊され、経済が断ち切られたことが私たちに与えてきた影響についてどう思いますか？」と彼は尋ねた。「私たちのうちの半分はおかしくなってしまった。30歳か40歳の男性は70歳ぐらいに見える。私たちは、常に恐れの中で暮らしている。アフガニスタンには安全な場所はない」
>
> （2009年オックスファム報告書からの引用、BBCワールド・ニュース）

はじめに

アフガニスタンの人々は、健康と幸福について多くの困難にあってきた。その結果、いくつかの健康指標は、世界の最低値を示している。支援活動は少しずつ改善しているとはいえ、保健医療サービスはきわめて乏しい状況である。過去30年にわたる絶え間ない戦争状態によって、保健や医療はますます受けにくくなってきている。この歴史を考えれば、アフガニスタンのメンタルヘルスやトラウマに関するさまざまな研究が、高レベルの心理的苦痛を見いだすのは当然である(Miller et al., 2008; Lopez Cardozo Bilukha & Crawford, 2004; Panter-Brick et al., 2011)。

この報告では、パキスタンのペシャワールで開発された、アフガニスタン難民のための心理社会的プロジェクトを紹介しよう。このプロジェクトは国際的な非政府組織（NGO）である国際救援委員会（IRC）が行っている女性教育プログラム（FEP）のために計画されたものである。著者は1998年から2001年までパキスタンで暮らして仕事をし、アフガニスタンへ頻繁に旅行してダリー語（アフガニスタンで話されるペルシア語の現代版）を学んだ。皆が共にトラウマ経験をしているアフガニスタンでは、コミュニティアプローチを使用する心理社会的なプログラムには大きな価値がある。ドゥベリーが述べたように、

> 「アフガニスタンにおいてメンタルヘルスは本来、公衆衛生問題だが、効果的な解決策は医学以外の方法でありうることを示す有力な証拠がある」
>
> (de Berry, 2004:143)

ジョーダンとシャルマー（2004）によれば、望ましい心理社会的介入は地域文化に根づいていなくてはならない。つまり、個人とコミュニティ双方の健康のために重要だと参加者たちが認めるような対処スタイルを基盤とするべきである。そのようなコミュニティを基盤とした問題解決アプローチとして「ポジティブ・デビアンス」(Pascale, Sternin & Sternin, 2010)アプローチがある。このアプローチでは、地域には解決策がおそらく存在するが、まだ認識されていないと仮定する。私たちは、このアプローチをワークショップに採用して、まだ認識されていないポジティブな方略をとらえるために用いた。6人のアフガニスタン人女性教師トレーナーたちと著者は協働して、地域文化を調べ、そこで幸福や健康の指標とされているものを同定した。さらに、継続している戦争や武力紛争によって彼らの社会がどのように変化したかを確認した。目標は、教師たちが容易に、また時間を取らずに学習し、使用し、他の人と共有できるような研修構成を開発することだった。アユーギラ(2012)が実証したように、地域のアフガニスタン人は、男性であれ女性であれ訓練によって、基本的な心理社会的サービスをうまく実施できるようになる。さらに、オミディアンとローレンス（2008）は、

教師と協働することで、多くの子どもや家族がこのトレーニングから大きな影響を受けることを示した。というのも、教師たちと子どもたちは、自分が覚えた新しいスキルを自分の家やコミュニティに持ち込むからである。

プロジェクトの詳細

ペシャワール地域ではIRCが、女性教育プログラム（FEP）の支援を受けて多くの女子校を運営していた。IRC/FEPのスタッフは、教師を対象とした心理社会的なトレーニングプロジェクトを展開することによって、ヘルスケア問題に取り組むことを決めた。この心理社会的な介入は、教師であり、かつ家族の中のケア提供者でもある女性スタッフを支援することを目的としていた。それによって、さらに、彼女たちが働くコミュニティにいい影響を及ぼすことが期待された。以下、参加者たちによるワークショップの報告の中のコメントである。

> **大人（教師と親）** は、子どもの心理社会的な状況を改善するのに重要な役割を果たす。ほとんどの**教師**は、子どもの心理社会的なニーズに応える方法を知らなかった。さらに、ひどく低迷した経済状況の中で、難民キャンプに住んでいるために起こる自分自身の問題や、自分の精神的な問題もあった。
>
> （ワークショップノート、2002年）

ワークショップ

3日間のワークショップを3回、全体では3ヵ月以上に分散して実施して（枠内を参照）、心理社会的プロジェクトを展開するための基盤とした。それぞれのワークショップでは、基本情報を提供した上で、その情報を用いて研修案を作成する機会も与えた。

ワークショップ

ワークショップⅠ：心理社会的ウェルネス、レジリエンス、ポジティブな感情について探る。
- 「ウェルネス」の観点から感情を理解するための枠組の紹介。
- 心理社会的ウェルネスとレジリエンシーに関する主要な概念を検討する。
- 基礎的な説明を、参加者の日常生活やアフガニスタン文化の状況に当てはめる。
- 「フォーカシング」の紹介。

ワークショップⅡ：ストレス、子どもの正常な発達、対処法
- 参加者はアフガニスタンの文化に根ざしつつ、鍵となる諸概念の理解を用いて、ストレス（ポジティブなものもネガティブなものも）の影響を探り、文化に即したポジティブな対処スキルを探究する。
- 次に、参加者は、自分自身や教師、生徒たちがこのような対処スキルを高めるのを支援するための、さまざまなスキルやツールを検討する。
- 自分自身と子供たちのためにフォーカシングスキルをさらに発展させる。

ワークショップⅢ：苦痛な感情、耳を傾けること、そして子どもが大人に話せるよう支援すること。
- 参加者は、学んだ活動やスキルをセッションとセッションの間にいろいろと試してみて、成功したものは何か、うまくいかなかったものは何か、グループに報告する機会を持つ。
- 苦痛な感情についての探求と議論を通じて、感情をより深く掘り下げる。
- 参加者は、心理社会的ウェルネスとレジリエンシーの主要な概念についての新しい理解を使い、文化的にふさわしいと感じられる新しいやり方で、学習された技術のうちのいくつかを適用する。
- 参加者はまた、子どもたちがどのように感情を表すかについて検討する。
- これに基づいて、アフガニスタンの子どもたちがしてもいい反応の仕方についても検討する。これは、発達モデルや心理社会的モデルの基礎となる。
- 現場の教師たちと行う試験的実施に備えて、新しい授業案を練習する。

(Omidian and Papadopoulos, 2003)

　ワークショップは対話形式で行われ、短い講義の後にグループワークが続く。それぞれの要素で、以下のようなさまざまな参加型トレーニング技法を用いた。

- 理論を説明するための対話型講義
- 地域文化の文脈への理論の適用についての共同探索
- ロールプレイ、人形劇、アートや物語を通して他の人に理論を教える方法の開発
- 傾聴スキルの練習
- グループ発表

　この３ヵ月のプロジェクトの終了時に、IRCが運営する多くの学校で教師たちと行う試験的実施のためのダリー語のマニュアルの準備が整った。この完成版は、英語にはなっていない。

心理社会的ウェルネス

トレーナーたちは、その地域における心理社会的ウェルネスとはどういうものかに焦点を当てた。それぞれの人の情緒的な健康ばかりでなく、人の肯定的な社会的絆、コミュニティ資源や環境まで考慮に入れた健康をテーマとした (Omidian and Lawrence, 2008)。それを念頭において、ワークショップでは以下のことが議論された。

- アフガニスタン人がうまくやっていることは何か。
- これだけ多くの問題や惨事、長期の戦争の中で、トレーナー（彼ら自身）がレジリエント（くじけず元気）であるために役立った要素は何か。
- 人が情緒的に健康であるとはどういうことか、彼女/彼の社会的絆や相互作用が健康であるとはどういうことか。

このプロセスは、心理社会的なウェルネスに肯定的にも中立的にも否定的にも影響するさまざまな特性を特定できるようになるためのものである。心理社会的ウェルネスは、その文化において特定できるもの、気づきうるものでなければならない。それぞれの教師グループごとに、自分たちなりのウェルネスの特有側面をとりあげて、それがどういうものかを理解しておく必要がある。どの単元でも、創造的な問題解決を促して、教師たちが自分自身の活動の授業案を作れるようにした。教師たちは、描画、ドラマやロールプレイの作成や演技、人形劇、体の動き、フォーカシングなどの方法を用いて自分たちなりの授業案を作っていった。

授業案作りの最終段階は、ワークショップ間の1ヵ月の間に、トレーナーたちが地域の教師たちと単元授業を試験実施することであった。試験実施後のワークショップでは、うまくいったものと、いかなかったものを振り分ける査定に当てられた。いくつかの授業案は捨てることになった。逆に、試験実施の前にはあまり評価されていなかったが、実施してみて有用だと分かったものもあった。

鍵となる活動

鍵となる活動1：レジリエンシーの探索

レジリエンシーとは、個人やコミュニティが人生の困難に前向きに対処する能力のことである。そこには個人と、その家族と、コミュニティとの間の関係性も含まれている（Omidian &Papadopoulos, 2003年）。さらに、不確実性の中で人生の意味を納得することも含まれている (Eggerman & Panter-Brick, 2010)。最初のワークショップの初めに、レジリエンシーの概念を検討して、この概念を参加者が理解した上で、その理解と一致する、共有できる定義とダリー語の訳語を見いだした。彼らは2本の枝

を使って、レジリエンシーを説明した。1本は新鮮で柔軟な枝で、もう1本は乾燥していて脆い枝である。レジリエンシーのない人は、力を加えると折れてしまう乾燥した枝のようなものである。一方、レジリエンシーのある人は、曲げられても元の状態に戻ろうとする――折れにくい――柔軟な枝のようなものである。この単元では、まずファシリテーターが2本の枝を参加者に見せ、それぞれの意味を説明する。そしてグループで、支えられたり助けられると感じるのはどういうときか、レジリエンシーが創られるのはどういうときか、について自由にいろんな意見を出し合う。

鍵となる活動2：フォーカシング

　フォーカシングは1960年代初めにジェンドリンによって開発された体験的なプロセスである。心理療法の成功の鍵となる要因は何かに関する研究に基づいて開発されたものである。ジェンドリンが発見したのは、彼が「フェルトセンス」と呼ぶ、内なる身体感覚に触れる人はセラピーでよりうまく変化するということである。どのようなセラピー法が用いられたかは問題ではなく、重要なのは、クライエント個人が「フェルトセンス」に触れる能力だったのである（Gendlin, 1982）。フォーカシングは、内なる感情や感覚に気づく能力を育てる、構造化された方法である。フォーカシングでは、苦痛の原因を誰かに伝える必要がない。これは、アフガニスタンのように、個人的情報を開示することを抑制しがちな地域ではとてもありがたい特徴である。アフガニスタンでは、情報を話すことが家族の恥になると信じられている。また、身体的な罰を受ける恐れも情報開示を抑制している。例えば、ある女性がレイプされた場合、もし家族に知られると、彼女は家族に殺されるかもしれないのである。フォーカシングのプロセスでは、人々は情報を話してしまった結果もたらされるかもしれない恥辱感や危険を感じることなく、感情や状況や出来事に関するフェルトセンスを扱うことができる。

鍵となる活動3：何が普通なのか

　教師たちは、この活動が重要だと述べている。この活動によって参加者は、規範や価値を変えることを模索することができ、感情に関する議論に結びつくことが多いからである。参加者には、彼らのコミュニティで普通と思われることを説明してもらう。その上で、文化内での多様性についても議論してもらう。また、よくあるがあまり良くない行為や態度と、期待されており良いとされる行為や態度との違いにも注目してもらう。4対の概念が挙げられた。リスクを冒すかリスクを回避するか、集団主義か個人主義か、社会階層を守るか平等社会か、感情を抑制するか感情を表出するか（Hofstede, 1983）である。何が正しいか何が正しくないかということは前提にせず、また答えがグループ間やワークショップ間で一致している必要もない。これらの概念は、参加者が自らの発見を促すために考案されたものであり、参加者が何を本質的価

値だと感じているか、そしてその本質的価値が時間とともにどのように変化するかを明らかにするための道具であった。参加者は、自分のコミュニティが、対になる各概念の連続体の中のどの辺りにいるかを判断した。例えば彼らは、アフガニスタン社会では人々は大抵、大きな危険につながるかもしれなくてもリスクを冒すと言った。大きな危険を冒してパキスタンへ移動した多くの難民の例を挙げた。彼らは、自分たちが知っているアメリカ人のような他の人々は、もっと注意深く安全を好むと感じていた。彼らはまた、アフガニスタン人は集団主義を好み、ストレスが多い状況でも大家族世帯で生活することが普通であると言った。彼らは、アフガニスタンの社会においては集団主義が非常に強力なので、個人は意思決定をせず、グループの決定に任せるしかないと感じていた。彼らはこのことが、人々のトラウマへの対処法や、難民生活の中で家族と離ればなれになった時の苦しみの大きさに影響するだろうとも述べた。

鍵となる活動4：恩恵の天秤

この活動は、人々が自分たちの生活の中にもポジティブな側面があることに気づく手助けを目的とするものである（Peterson, 2006）。これは簡単で、身近な材料で実施できる。紐、カップ2つ（1つはいいこと、1つは困難や悪い事を示すために使われる）、支点となる棒、人生がもたらしたものを測るために使う豆や小石である。これには、子どもも大人も参加することができる。この方法は、人々が、個人やコミュニティの資源を支えにしながら、自分の人生をより肯定的に見られるようになるための優れた方法であることがわかった（Omidian & Miller, 2006）。グループ活動では、ある人が自分の人生の困難な部分を整理しているときには他の参加者は黙って見守りがちになり、よい側面になると参加してどんどん提案することが多かった。筆者はこの活動に数年間にわたって関わってきたが、筆者の知る限り、良い面よりも悪い面が上回った報告は3回しかなかった。1つには、この活動が感謝と希望という、イスラム教やアフガニスタン社会の中核を成す価値観に触れるものだからであろう。

議論

このアプローチの中では、コミュニティ全体の参加がプログラム成功の鍵であると考えられており、女性たちには、自分たちが学んだことをすぐに周囲に教えていくよう奨励した。このプロセスはワークショップ中にも進んでいった。チームメンバーはすべての活動を、毎夜の「ホームワーク」活動として、家族や友人たちとともに実践したり、授業案ができたらそれを試験実施していたのである。マニュアルを試験実施した後、参加女性たちはFEPで他のマスタートレーナーの研修を行った。そして次に新たに訓練されたその人たちが、ペシャワール地域のIRCの学校で、教師のためのワークショップを開催した。ワークショップは2週間にわたり午後の時間を10回使って

運営された。参加者が自分の学んだことを試すための時間的余裕を与えながらの実施であった。最初のプロジェクトの後、外部コンサルタントが評価を行なった。アフガニスタンの教師たちは、自分たちの文化の強みを探求したと感じる、と報告した。実際には使えないものを学ぶのではないことが良かったようである。上記で議論した4つの主要活動は、彼らが最も有用なものとして挙げたものである（Adamson-Koops, 2002）。

原著

Omidian, Patricia A. (2012) Developing culturally relevant psychosocial training for Afghan teachers Intervention, November 2012, vol. 10, no. 3, pages 237-248.
より抄訳。引用文献については、原著を参照してください。

Patricia A. Omidian
医療文化人類学博士。1998年から2012年までアフガニスタンとパキスタン在住。現在はアメリカ合衆国に滞在。9/11以後のアフガニスタンについての民族誌エスノグラフィー "When Bamboo Bloom: An Anthropologist in Taliban's Afghanistan" Waveland Pr Inc. 2010. を出版。
ウェブサイト http://www.patriciaomidian.com

ビジョン・ステートメント：
フォーカシングの今後の方向性
アクションステップとプロジェクト

Vision Statement for Focusing—Action Steps and Projects

E. T. ジェンドリン

（久羽康：訳）

　この概観で私が提案するのは、私たちの誰もが実行できる行動である。また、実行されるのを待ちかねているようなたくさんの可能性も、いくつか示そう。皆さんがその中に、自分がやってみたいことを見つけてくれるよう願っている。

　まず、フォーカシングがこれほど多様な分野で非常に重要な貢献をすることを可能にしているのは、いったいどういうことなのかお話ししよう。次に皆さんに、同じあるいは似たようなプロジェクトに取り組んでいる人々で、小さなグループを作ることを勧めたい。最後に、もう準備が整い、誰かが実行してくれるのを待つばかりになっている幅広いプロジェクトの数々を、簡単に紹介しよう。

多くの分野にフォーカシングが適用されるのはなぜか
——その中心的要素

　多くの分野には建設的な組織団体があり、人々のなかによい変化をうみだそうとしている。そのような変化はたいていの場合、内面深くに注意を向けることによってのみ起こる。だがほとんどの組織は、人々にこのようなレベルで働きかける方法を知らない。これらの組織の目的は、しばしばそのために挫折してしまう。フォーカシングは人々の「そこ」——それぞれの分野が目指しているものが実際に起こる場所——に、アプローチする方法である。だからこそフォーカシングはこれほど多くの分野に加えられ、大きな力を発揮しているのである。

　フォーカシングは新しい哲学から出てきたものであり、どんな活動でも、フォーカシングによってこれまでとは根本的に違ったやり方で行なうことができる。人はフォーカシングによって自分をとりまく状況の体験的な複雑さを知ることができ、この体験的な複雑さが、生の進展の新しい可能性をうみだす。フォーカシングはまた、自分自身や他の人やあらゆる形の命に共感的態度を向けることにもつながる。つまり、フォーカシングは世界をよりよい場所にしていく。しかしここで強調したいのは、フォ

ーカシングは、それぞれの分野固有の目的を達するための的確な道筋を発展させるのに有効だという点である。これを示すには、例をあげるのが一番だろう。

　たとえば、学校教育にかかわっている人は誰でも、子どもに考えたり学んだり好奇心をもったりすることの面白さを発見してほしいと思うだろう。だが、このような発見が子どもの「どこで」起こるのか、またどうすれば子どもがそこに気持ちを向けることができるのかは、知られていない。私たちは、子どもが内側のそのレベルに触れるための、具体的で研究に基づいた教示法を持っている。

　誰でも、刑務所は人を更生させるところであってほしいと願っている。しかし、更生したいというその望みや力が生まれる場所であるそこに人の注意を向ける方法は、まだ知られていない。私たちが行なった丁寧な定量的調査は、暴力的な囚人がフォーカシングを学ぶと再犯が減少することを示している。ドメスティック・バイオレンスで収監された囚人が「私は、自分が人に与えた傷を気にかける人間になったんです」と語っている。腹が立った時に、いつも同じように怒りを爆発させて行動化するのではなく、自分の内側に気持ちを向けて、自分が腹を立てているのは本当のところ何なのかを見てみるようになった、と囚人たちは言う。そして彼らによれば、「それはいつも違うものなんです！」

　ストレス低減法（ビジネスの世界で広く使われている）も、問題をひとつずつ見つけて、それがからだのどこに感じられるか確かめることをするだけで、より効果的になる。それぞれの問題を「適切な距離に」（感じられるが、圧倒されない場所に）置き、それで身体的な緊張から本当に解放されるか、あるいはされないかをからだの内側で確かめてみる。もし解放される感じがなければもう少し取り組みが必要なのだろうし、そのステップも準備されている。これは「クリアリング・ア・スペース」と呼ばれる、フォーカシングの最初のステップである。この方法はストレス低減にとても役に立つ。よくあるような、問題がからだのどこに抱えられているかに気づくことなく、何からでもすぐに目をそむけてしまうやり方よりも、よほど役に立つのである。

　がん患者を対象にした調査では、「クリアリング・ア・スペース」が抑うつ気分を有意に減少させ、からだとのいい関係をうむという結果が得られている。クリアなスペース、すっきりした空間は、数時間だけかもしれないが身体的に楽な感じをもたらしてくれる。これはたいていの患者にとって、病気になって以来経験していない状態である。このような、生を前に進めるプロセスが見出される場所に、フォーカシングは連れていってくれる。

　最近のあるスポーツの本は、アスリートたちに「あなたの問題をロッカールームに置いておこう」と勧めている。そうすれば、よりよいパフォーマンスができるのは明らかである。だがスポーツの分野では、どうすればそれができるのかについてはそれ以上知られておらず、もちろん具体的な教示法も知られてはいない。

第6章　フォーカシングを世界に生かす

私がこれらの例をあげたのは、もっとも大事な、中心的要素を指し示すためである。組織の目指すものが実際に起こる場所は、人の内側であり、その内側の場所に触れることこそが大切なのである。

プロジェクト・グループ：発展の次なる段階

　フォーカシングコミュニティは大きく広がっている。私たちのデータベースには、メンバー1400人と関心を持つ人4000人が登録されている。このうちおよそ半分はアメリカ合衆国に、あとの半分は世界中にいる。その多くはセラピストだが、セラピスト以外にもたくさんの人が、フォーカシングを用いてさまざまな分野で取り組みを行なっている。

　ある分野でフォーカシングを用いている人は、多くの場合、その人のいる組織の中でフォーカシングを知っている唯一の人間である。彼らは「唯一」でありつづけることが多い。フォーカシングを同僚に教えたり説明したりすることは、体験の機会を作ることなしには難しいからである。そのため彼らは組織の中でひとり孤立した存在のままになってしまう。彼らはフォーカシングを自分の分野に応用する工夫をして、その分野の主要な活動を深めているが、そのやり方を他の人に教えたり、皆に広く使ってもらえるようなモデルを自分で作り出したりすることは少ない。

　同じ分野には多くの人の取り組みがあるが、お互いがお互いの存在を知らない。同じ分野にいる他のフォーカサーがその分野に特化した技法を作り出していても、それを知らないままでいる。中にはすばらしいグループ活動も存在しており、いくつかの分野では人々は自分たちが行なっていることを共有しているが、それはまだ例外的である。

　ある取り組みから一つのモデルがうまれることも望めるだろう。一つの機関、あるいは学校、教会、病院などで実際に採用されたプログラムは、それがよい結果をもたらすものであれば、他の多くの場所でも採用されるだろう。

　読者の皆さん、あなたも、フォーカシングコミュニティから何人かの仲間を集めることができる。地域の仲間でもいいし、国際的にでもよい。フォーカシング研究所はウェブ上で呼びかけるための手段や知恵も提供できるし、プロジェクト設計のための協力もできる。

　現在研究所では、月に一度、情報を伝えるための媒体を提供している。そこであなたは私たち4000人に声をかけ、プロジェクトに取り組む同志を誘い、連絡をとりあうよう呼びかけることができる。こういうつながりは、同じ分野にいる人同士がお互いを見つけ、協力しあうための道を開く。私たちはすべてのメッセージを発信すると約束することはできないが、できるだけそうするつもりである（4行以内で、私たちにメッセージを送ってほしい）。

小グループをたくさん作って協力して取り組むことは、間違いなく、私たちに必要な次なる発展である。ほとんどの領域では、このような発展がまさにいま進んでいるところである。

全国的組織にコンタクトをとる

どのような分野でも、地方組織が属する全国的組織がある。私たちの仲間は、こういった組織に連絡して自分の新しいやり方を提示するということはあまりしない。するとしても、フォーカシング研究所に自分の新しいやり方を伝えるのがせいぜいである。一人だけだと、全国組織にコンタクトをとるための手段も、エネルギーも、自信も、なかなか持てない──組織は革新的な取り組みに耳を傾けるかもしれないのに。一人だけだと逆に、その分野における最新の発展に耳を傾ける側になってしまう。

多くの分野で、フォーカシングは重要な貢献をしてきた。さまざまな分野に関わる新しい本も出版されている（ここアメリカでも、そして他の国々でも）。私たちが知っているもののいくつかは、私たちのウェブページにもあげられている。しかし、同じ分野の中でなされたさまざまな貢献は、互いに結びついてはいない。また、これらの貢献に全国から広く注意を向けてもらうような方法も、まだない。だが大きな成果は、おそらくほんの少しの連携がなければ達せられない。

私たちは厳密な定量的調査をたくさん行なってきた（The Focusing Institute www.focusing.orgを見てほしい）。これはフォーカシングの有効性を示すのに十分なものである。一人称プロセスを第三者による観察指標で評価する、独自の定量的な方法論も開発されている。足りないのは、さまざまな分野のしかるべき機関が、調査結果に注意を向けてくれることなのである。

もし一つの領域にいるフォーカサーたちがグループとして取り組めば、全国組織にコンタクトをとることも可能になるだろう。

隣人たち

現在では非常にたくさんの組織や団体が、人間のありようをさらに発展させるさまざまなプロセスを掲げている。私はこれらの組織を「隣人たち(our neighbors)」と呼ぶ。これらの組織が教えているものは、フォーカシング的に行なえばより効果的なものになるだろう。

一方で、私たちも隣人たちが教えるものを必要としている。私たちは、自分のからだ、身体エネルギー網、行動スキル、対人関係、葛藤に対処する方法、この驚嘆すべき宇宙の中での私たちのありよう、そういったものを発展させていくことを必要としているのである。ここにあげたものは人間のもつ多くの次元のうちのほんの一部であ

り、そのうちのいくつかはフォーカシングには不足している。

　他の次元なしでは、フォーカシングは落とし穴にもなりかねない。フォーカシングのプロセスは力強く、役に立つので、人は安易にフォーカシングを万能だと思い込んでしまいやすい。私は30年間、こう主張してきた——「いいかい、これで何でもできるわけではない。これで缶詰は開けられない。缶詰を開けようと思ったら、缶切りが必要だ」と。フォーカシングは行動スキルを上達させはしない。もしあなたが行動スキルをすでに持っていればフォーカシングはその効果を大いに高めるだろうが、あなたがなかなか行動できないならそれは望めない。もしあなたが（生体）エネルギーについて知っていればフォーカシングは他に代えがたい仕方でそれを導くだろうが、あなたがエネルギーについて知らなければフォーカシングだけではそれができない。他のことでも同じである。

　隣人たちにコンタクトをとる一番の方法は、隣人たちが教えているものに興味を持つことである。それぞれの集団は一生懸命になって、自分たちの発見を教えることに取り組んでいる。そしてそれが他の教えにまぎれてしまうことを嫌う。だから隣人たちは、私たちから連絡をもらいたいとは思わない。だが私たちの中に隣人たちから学ぼうとする人間がいれば、隣人たちも私たちと一緒に取り組んでもいいと思うだろう。

　私たちが一つ以上の方法を知れば、それらは互いに切り離されたままにはならない。一人の人が知っていることは何であれ、その人が行なうすべてのことを変化させる。ある方法を体験的に取り入れる時、有機体としてのからだはこれまですでに知っているものを捨ててしまったりはしない。からだはただ、それを新しく捉えなおすのである。私たちは、自分の使っている方法のより効果的なバージョンを発展させる。そして、そう、フォーカシングはとりわけ、他のあらゆる方法をより効果的にするのである。それはフォーカシングが人々の内側の特別な場所に触れるからである。

　一人では、自分の属する組織や団体にフォーカシングを教えることは難しい。もしフォーカシングとその組織の方法の両方を知る人たちのサブグループがあれば、他の人たちにグループの存在を知ってもらうことができる。そして、目を向け、学び、理解しようとする人に、フォーカシングを活かしたより効果的なバージョンを教えることもできる。これは隣人たちにフォーカシングを伝える一方法となりうる。

　実は、こういった「隣人たち」の組織にはすでに、たくさんのフォーカサーがいる。問題は彼らが、お互いのことをフォーカサーだと知らないことである。私たちは常に、自分のいる場にふさわしい「帽子を被っている」（その場に合わせた顔を見せている）。自分の属する組織にいるフォーカサーを見つけるには、4000人が登録している私たちのデータベースで調べる必要があるかもしれない。だがそれは可能である。

　この世界では今、人間の、とてつもなくエキサイティングな発展が起こっている。私たちはそのまさに中心に、深みを与えることができる。だがそれは、私たちが隣人たちと手を携えることではじめて可能になるのである。

現在、一つ一つの発見は分断され孤立している。この発展はまだ、それ自身に自覚的ではないのである。自分たちが社会の発展の新しい流れなのだということに私たちの皆が気づく時、世界は変化するだろう——中世に町（タウン）が発展して、近代社会をもたらしたのと同じように。

私たちの協力モデル

他機関との協力

　私たちには他の機関と協力するための効果的なモデルがある。このモデルでは、私たちはその機関のスタッフの何人かにフォーカシングのトレーニングを提供し、プロジェクトはその機関によって実施される。

　それぞれの分野は独自の文化やなじみのやり方を持っている。そこでの取り組みをその環境になじみのない人間が行なう必要性など、まったくない。フォーカシング研究所自体は、学校や、海外のトラウマワーカー、医療カウンセラー、看護師、あるいはビジネスに精通した人々のためなど、専門領域に特化したフォーカシング教師を育てることはできない。専門的なトレーニングは、私たちがその分野の組織のスタッフにフォーカシングを教える時に作り出されるのである。彼らは自分の働いている分野をよく知っており、その環境の中で豊かな経験をつんでいる。何よりも、彼らは孤立した個人ではない。彼らはその分野の組織のスタッフ・メンバーであり、なおかつフォーカシングのトレーナーになるのである。

　たとえば、アフガニスタンでの私たちのプロジェクトは、アメリカフレンズ奉仕団（訳注：キリスト友会（クエーカー）の団体）との協力によるものである。このプロジェクトは、部分的にはUNIFEM（国連女性開発基金）から資金を得ている。チームの長であるオミディアン博士Dr. OmidianはAFSC（アメリカフレンズ奉仕委員会）のメンバーで、アン・ワイザー・コーネルAnn Weiser Cornellとナイナ・ジョイ・ローレンスNina Joy Lawrenceにフォーカシングのトレーニングを受けている。いま彼女は、フォーカシングトレーナーであると同時に、クエーカー教徒の地域代表である。彼女は医療人類学者である。AFSCは物理的空間とオミディアン博士の給与、そして他とのコンタクトを提供してくれている。

　私たちのチームが現地の人々——支援ワーカー、学生インターン——をトレーニングし、今度は彼らが村でフォーカシングを教える。現在まで何千人ものアフガニスタン人がフォーカシングを学び、今度は他の人にフォーカシングを教えている。彼らの中でとりわけフォーカシングを教えるのがうまい人たちは、認定フォーカシングトレーナーになって、トレーナーの国際的コミュニティに参加している。同様のプロジェクトはエルサルバドルでも進行している。

　アフガニスタンのトレーニングチームから二人のメンバーがヨルダンでの国際カン

ファレンスに出席し、今、パキスタン、インドネシア、ルワンダ、レバノン、ガザ地区、そして北イラクでのプログラムを企画してほしいと請われている。研究所ではこれらの有望な可能性を進めるために、資金源を探そうとしている。

あるトレーナーのチームは、長年ルーマニアとハンガリーに行っている。彼らは心理学者や孤児院の介護者などにフォーカシングを教えている。このチームの長はオランダのマルタ・スタペルツMarta Stapertで、その功績をたたえられハンガリーの大統領から騎士十字章を贈られたが、とりわけたたえられたのは「ただやってきて帰っていくのではなく、腰をすえてプログラムを行ない、もはやチームが必要なくなるほどに、ハンガリー人を本当によくトレーニングした」点であった。ここでも、才能のあるハンガリー人フォーカシング教師は何人もフォーカシング研究所に認定され、フォーカシング教師の国際コミュニティに参加している。

この協力モデルで私たちは、私たちにしかできないところで貢献する。それは次のような点である。a)フォーカシングのトレーニング、b)プロジェクトの企画、c)リソースとトレーニング教材の提供、d)プロジェクトがうまく続くための援助。

私たちの役割

(a) 認定トレーナーは世界中に何百人もいる。私たちのフォーカシングのトレーニングでは、パートナーシップ・プロセスや、考えを明確にしたり独創的な思考をするためのTAEという方法を教えることもできる。

(b) プロジェクトの企画は、フォーカシングをその分野のもっとも先進的な取り組みに統合することを目指している。この活動は、その分野に特有な細部への、きわめて専門的なレベルでの取り組みを含んでいることが多い。

(c) 研究所にはもちろん、たくさんのフォーカシングの資料がある。いくつかの分野ではフォーカシングの適用が積み重ねられてきており、その資料は同じ分野に取り組んでいる人に役立つだろう。

(d) 一緒に取り組むのが常態になるのでなければ、個人同士のコンタクトを、また私たちとのコンタクトを継続的に取りつづけることは、他機関とのコンタクトを取りつづけるのと同じで、楽なことではない。最終的にはプロジェクトグループは、グループ独自の指導者をもつことになるだろう。

個々のプロジェクトのための資金調達

最初の試験的プロジェクトがうまくいけば、フォーカシング研究所と協力機関が協同で資金の申請をすることができる。自分たちの声だけで資金の提供元を納得させる必要はない。共同アプローチにすることで、個々のプロジェクトへの資金調達はより現実的になる。

プロジェクトの企画と再検討

　私たちはその分野の人々と一緒にプロジェクトを企画するが、これは繊細な、時間のかかるプロセスである。私たちはともに、プロジェクトを綿密に把握し、リソースを出しあい、困難に取り組んでいく。最初の試験的プロジェクトがうまくいかなければ、私たちとプロジェクトを実行している人たちとで一緒に企画を練りなおす。

　私たちのプロジェクトは、そのそれぞれが一つのモデルである。試験段階でうまくいかなければ私たちは企画を練りなおすが、もしその段階でうまくいくようであれば、企画とその結果を広く開示し、他の場所でも採用してもらうことができる。私たちが企画するプロジェクトには、その分野で進められている主要なプロセスへの理解と、その実行の仕方を、中心から作りなおす効果がある。

　どんな場合でも、「中心」になるのは、人の内側の「そこ」に触れる方法である。そこが、望ましい結果が実際に起こるところなのである。哲学や基本的なトレーニングは分野に関わらず同じであるが、それぞれのプロジェクトは私たちとその分野の人たちとの協力の産物でなければならない。そうすればその結果はまさに、その分野における、新しいフォーカシング的プロセスになるだろう。

結論

　最初のテーマに戻ろう。なぜこれほど多様な活動が、フォーカシングを共に使うことで、新しい、より効果的なものになるのだろうか。このことをたくさんの人に明確にしてほしいものである。私の考えではそれは、物事を切り離したままにしておく必要がなく、そこに不自然なつながりをつけたり、その結果を自分自身に押しつけようとしたりしなくてもいいからである。暗黙のもの(the implicit)――フォーカシングで触れられるような、言葉になる前のもの――ははじめ、まるで濁った霧のようにはっきりしないが、すぐにさまざまなものへと開いていく――そのすべてはもうすでに、互いに根底で結びついている。これは本当に、当惑させられるほど、真実なのである。暗黙のものは、生命がそこから浮かび上がってくるような深い領域にまで達し、小さな一歩一歩へと展開していく――この展開は「ああ……」とか「んー……」という形で訪れ、そこにはその人らしさが複雑に、彩り豊かに漂っている。これらの一歩一歩は、まさにそこにある何か、しかも同時に暗黙のものでもあるような何かの、その辺縁、エッジを感じるところから、直接にやってくる。

　どうか、必要なのはフォーカシングだけだと考えないでほしい。私たちは多くの方法を学んで、自分自身を多くの方向へ発展させていかなければならない。これらさまざまな方法を教えようとする時、私たちがそれを、あのエッジ、「そこ」で行なえば、うまくいく。そうなれば私たちはすぐに、それを新しい形でとらえなおして、その方法に寄与することができる。

第6章　フォーカシングを世界に生かす

諸文化の伝統は、独自でかけがえのない一人の人間については何も言わないようであるし、あるいは何かを（それが大きなことであれ小さなことであれ）深いレベルで感じることについて何も知らないように見える。だが、今、一つの世界が形づくられつつある。そこではもう、これほど多くの人々が顧みられずにおかれるということはなく、私たちはお互いや自分自身にこれまでよりもずっとよく接することができる——私たちは暗黙の、言葉になる前の意味感覚を感じ、理解するからだ。そこからことを始めるなら、私たちは理解してもらえるだろう。

　これは、一人だけで宣言するようなことではない。もしあなたが、私がここで伝えたようなことに何か感じるところがあれば、ぜひ、もっともっとそれについて考え、それについて発言してほしい。

＊　　　＊　　　＊

※訳者注　ジェンドリンは、フォーカシングのさまざまな分野への適用や有望なプロジェクトの一部をリストとしてあげていますので、以下に簡単にご紹介します。興味をもたれた方は、フォーカシング研究所のウェブサイト（www.focusing.org）もぜひご覧下さい。ただジェンドリンは、ここにあげたものはサンプルにすぎないのであり、読者は自分がもっともする価値があると思うことを自分自身のやり方で行なってほしい、と言っています。

組織に役立てるために

　組織に本格的にフォーカシングを導入することもできるし、単発でフォーカシングと傾聴のためのグループ体験を提供することもできる。さまざまな組織・施設にフォーカシングを取り入れることができる（企業、教会、病院、刑務所、学校等々）。

特定の人々への適用

　フォーカシングはさまざまな年齢の人に適用することができる。子どもの授業への集中を高めるために用いたり、年配者への介護の現場でフォーカシングを用いることが役に立つ。

　また、さまざまな状態の人へのフォーカシング適用の試みがなされている。アルコール依存や被虐待経験者のトラウマ、がん患者を対象にした取り組み、あるいはホスピスなどでのフォーカシング利用の取り組みがある。青年期や境界例の「難しい」と考えられている人にも、フォーカシングをすぐに行なうことのできる人は多い。

さまざまな分野への応用

　ビジネス、芸術、スポーツ、心理療法や医療、宗教やスピリチュアリティなど、さまざまな分野でフォーカシングは役に立つ。また、実りある対話やコミュニティの心

理社会的健康のためにフォーカシングを用いることができる。ボディワークや夢のワーク、瞑想やエネルギーワークとの統合の試みもある。ストレスの低減や文章の執筆にもフォーカシングを応用することもできる。またTAE（Thinking at the Edge、「辺縁での思考」）は思考することにフォーカシングを応用したものである。

第6章 フォーカシングを世界に生かす

索 引

索引は、読者の皆様が現場でワークを活用したいと思った際に、活用場面の特徴ごとで検索できるよう構成しました。料理のレセピー本での材料ごとの索引のようにご利用ください。

人　数

ひとり

公園のベンチ	16
フォーカシングとマインドフルネス瞑想	24
グラウンディド・プレゼンス	26
こころの天気（小学校での実践）	34
KOL-BE	38
アートのことば	42
体験過程流コラージュワーク	44
言葉の種探し	48
なぞかけフォーカシング	82
漢字フォーカシング	84
夢フォーカシング／小グループ夢フォーカシング	90
内観フォーカシング	94

ペア

ポージング	20
フォーカシングとマインドフルネス瞑想	24
グラウンディド・プレゼンス	26
KOL-BE	38
アートのことば	42
体験過程流コラージュワーク	44
言葉の種探し	48
話し手に教えてもらう方法	62
インタラクティブ・フォーカシング	66
人との関係についてのフォーカシング	76
なぞかけフォーカシング	82
漢字フォーカシング	84
夢フォーカシング／小グループ夢フォーカシング	90
内観フォーカシング	94
ポジティブ心理学とフォーカシングの交差	98

グループ

公園のベンチ	16
ポージング	20
グラウンディド・プレゼンス	26
感情とニーズのポーカー	30
こころの天気（小学校での実践）	34
こころの天気（大学での実践）	36
KOL-BE	38
アートのことば	42
体験過程流コラージュワーク	44
トラスト・ワーク	54
悪魔のリスニング・天使のリスニング	58
3つの椅子の実習	60
話し手に教えてもらう方法	62
インタラクティブ・フォーカシングを行う	70
フォーカシング・サンガ	72
私・あなた・関係のフェルトセンシング	74
なぞかけフォーカシング	82
漢字フォーカシング	84
連詩を楽しもう！	86
夢フォーカシング／小グループ夢フォーカシング	90
内観フォーカシング	94
ポジティブ心理学とフォーカシングの交差	98
アートをフォーカシングする	100
キャリアデザイン	106
からだほぐしとフォーカシング	110
ホッとできる子育て親育ち	114
フォーカシング指向PCAGIP	118

人生の時期

乳幼児期

KOL-BE	38
ホッとできる子育て親育ち	114

学童期

ポージング	20
感情とニーズのポーカー	30
こころの天気（小学校での実践）	34
KOL-BE	38
アートのことば	42
体験過程流コラージュワーク	44
なぞかけフォーカシング	82
漢字フォーカシング	84
内観フォーカシング	94

思春期

ポージング	20

感情とニーズのポーカー	30		感情とニーズのポーカー	30
こころの天気（小学校での実践）	34		こころの天気（小学校での実践）	34
こころの天気（大学での実践）	36		こころの天気（大学での実践）	36
KOL-BE	38		KOL-BE	38
アートのことば	42		アートのことば	42
体験過程流コラージュワーク	44		体験過程流コラージュワーク	44
言葉の種探し	48		言葉の種探し	48
トラスト・ワーク	54		トラスト・ワーク	54
悪魔のリスニング・天使のリスニング	58		悪魔のリスニング・天使のリスニング	58
なぞかけフォーカシング	82		3つの椅子の実習	60
漢字フォーカシング	84		話し手に教えてもらう方法	62
夢フォーカシング／小グループ夢フォーカシング			インタラクティブ・フォーカシング	66
	90		インタラクティブ・フォーカシングを行う	70
内観フォーカシング	94		フォーカシング・サンガ	72
ポジティブ心理学とフォーカシングの交差	98		私・あなた・関係のフェルトセンシング	74
アートをフォーカシングする	100		人との関係についてのフォーカシング	76
キャリアデザイン	106		なぞかけフォーカシング	82

青年期

漢字フォーカシング	84
連詩を楽しもう！	86
公園のベンチ	16		夢フォーカシング／小グループ夢フォーカシング	
ポージング	20			90
フォーカシングとマインドフルネス瞑想	24		内観フォーカシング	94
グラウンディド・プレゼンス	26		ポジティブ心理学とフォーカシングの交差	98
感情とニーズのポーカー	30		アートをフォーカシングする	100
こころの天気（小学校での実践）	34		キャリアデザイン	106
こころの天気（大学での実践）	36		からだほぐしとフォーカシング	110
KOL-BE	38		ホッとできる子育て親育ち	114
アートのことば	42		フォーカシング指向PCAGIP	118
体験過程流コラージュワーク	44
言葉の種探し	48

老年期

トラスト・ワーク	54
悪魔のリスニング・天使のリスニング	58		公園のベンチ	16
3つの椅子の実習	60		グラウンディド・プレゼンス	26
話し手に教えてもらう方法	62		感情とニーズのポーカー	30
インタラクティブ・フォーカシング	66		こころの天気（小学校での実践）	34
なぞかけフォーカシング	82		トラスト・ワーク	54
漢字フォーカシング	84		インタラクティブ・フォーカシング	66
連詩を楽しもう！	86		インタラクティブ・フォーカシングを行う	70
夢フォーカシング／小グループ夢フォーカシング			フォーカシング・サンガ	72
	90		私・あなた・関係のフェルトセンシング	74
内観フォーカシング	94		人との関係についてのフォーカシング	76
ポジティブ心理学とフォーカシングの交差	98		なぞかけフォーカシング	82
アートをフォーカシングする	100		漢字フォーカシング	84
キャリアデザイン	106		夢フォーカシング／小グループ夢フォーカシング	
			90

成人期

キャリアデザイン	106
からだほぐしとフォーカシング	110
公園のベンチ	16
ポージング	20
フォーカシングとマインドフルネス瞑想	24
グラウンディド・プレゼンス	26

● 144

こんな人に

すでにフォーカシングを学んでいることが条件のワーク

言葉の種探し	48
3つの椅子の実習	60
人との関係についてのフォーカシング	76

傾聴を学びたい人

トラスト・ワーク	54
悪魔のリスニング・天使のリスニング	58
話し手に教えてもらう方法	62
インタラクティブ・フォーカシング	66

ライフイベント

就職

連詩を楽しもう！	86
キャリアデザイン	106

子育て

体験過程流コラージュワーク	44
からだほぐしとフォーカシング	110
ホッと出来る子育て親育ち	114

支援の現場

医療

公園のベンチ	16
ポージング	20
フォーカシングとマインドフルネス瞑想	24
グラウンディド・プレゼンス	26
感情とニーズのポーカー	30
こころの天気（小学校での実践）	34
KOL-BE	38
アートのことば	42
体験過程流コラージュワーク	44
トラスト・ワーク	54
フォーカシング・サンガ	72
なぞかけフォーカシング	82
漢字フォーカシング	84
連詩を楽しもう！	86
夢フォーカシング／小グループ夢フォーカシング	90
内観フォーカシング	94
ポジティブ心理学とフォーカシングの交差	98
アートをフォーカシングする	100
キャリアデザイン	106
からだほぐしとフォーカシング	110
フォーカシング指向PCAGIP	118

教育

公園のベンチ	16
ポージング	20
フォーカシングとマインドフルネス瞑想	24
グラウンディド・プレゼンス	26
感情とニーズのポーカー	30
こころの天気（小学校での実践）	34
こころの天気（大学での実践）	36
KOL-BE	38
アートのことば	42
体験過程流コラージュワーク	44
言葉の種探し	48
トラスト・ワーク	54
悪魔のリスニング・天使のリスニング	58
話し手に教えてもらう方法	62
インタラクティブ・フォーカシング	66
フォーカシング・サンガ	72
なぞかけフォーカシング	82
漢字フォーカシング	84
連詩を楽しもう！	86
夢フォーカシング／小グループ夢フォーカシング	90
内観フォーカシング	94
ポジティブ心理学とフォーカシングの交差	98
アートをフォーカシングする	100
キャリアデザイン	106
フォーカシング指向PCAGIP	118

産業

公園のベンチ	16
ポージング	20
フォーカシングとマインドフルネス瞑想	24
グラウンディド・プレゼンス	26
感情とニーズのポーカー	30
こころの天気（小学校での実践）	34
こころの天気（大学での実践）	36
アートのことば	42
体験過程流コラージュワーク	44
言葉の種探し	48
トラスト・ワーク	54
悪魔のリスニング・天使のリスニング	58
話し手に教えてもらう方法	62
インタラクティブ・フォーカシング	66

フォーカシング・サンガ	72
私・あなた・関係のフェルトセンシング	74
なぞかけフォーカシング	82
漢字フォーカシング	84
連詩を楽しもう！	86
夢フォーカシング／小グループ夢フォーカシング	90
内観フォーカシング	94
ポジティブ心理学とフォーカシングの交差	98
アートをフォーカシングする	100
キャリアデザイン	106
フォーカシング指向PCAGIP	118

司　法

公園のベンチ	16
ポージング	20
フォーカシングとマインドフルネス瞑想	24
グラウンディド・プレゼンス	26
感情とニーズのポーカー	30
こころの天気（小学校での実践）	34
アートのことば	42
体験過程流コラージュワーク	44
言葉の種探し	48
トラスト・ワーク	54
話し手に教えてもらう方法	62
フォーカシング・サンガ	72
なぞかけフォーカシング	82
漢字フォーカシング	84
連詩を楽しもう！	86
夢フォーカシング／小グループ夢フォーカシング	90
内観フォーカシング	94
ポジティブ心理学とフォーカシングの交差	98
キャリアデザイン	106
フォーカシング指向PCAGIP	118

福　祉

公園のベンチ	16
ポージング	20
フォーカシングとマインドフルネス瞑想	24
グラウンディド・プレゼンス	26
感情とニーズのポーカー	30
こころの天気（小学校での実践）	34
KOL-BE	38
アートのことば	42
体験過程流コラージュワーク	44
言葉の種探し	48
トラスト・ワーク	54
話し手に教えてもらう方法	62

フォーカシング・サンガ	72
夢フォーカシング／小グループ夢フォーカシング	90
ポジティブ心理学とフォーカシングの交差	98
キャリアデザイン	106
からだほぐしとフォーカシング	110
ホッとできる子育て親育ち	114
フォーカシング指向PCAGIP	118

フォーカシングコミュニティ

公園のベンチ	16
ポージング	20
フォーカシングとマインドフルネス瞑想	24
グラウンディド・プレゼンス	26
感情とニーズのポーカー	30
こころの天気（小学校での実践）	34
KOL-BE	38
アートのことば	42
体験過程流コラージュワーク	44
言葉の種探し	48
トラスト・ワーク	54
悪魔のリスニング・天使のリスニング	58
3つの椅子の実習	60
話し手に教えてもらう方法	62
インタラクティブ・フォーカシング	66
インタラクティブフォーカシングを行う	70
フォーカシング・サンガ	72
私・あなた・関係のフェルトセンシング	74
人との関係についてのフォーカシング	76
なぞかけフォーカシング	82
漢字フォーカシング	84
連詩を楽しもう！	86
夢フォーカシング／小グループ夢フォーカシング	90
内観フォーカシング	94
ポジティブ心理学とフォーカシングの交差	98
アートをフォーカシングする	100
キャリアデザイン	106
からだほぐしとフォーカシング	110

用いる道具

絵はがき

アートをフォーカシングする	100

画　材

公園のベンチ	16

こころの天気（小学校での実践）　34
　　　アートのことば　42
　　　体験過程流コラージュワーク　44
　　　キャリアデザイン　106

感情とニーズのカード
　　　感情とニーズのポーカー　30

漢字辞書
　　　漢字フォーカシング　84

KOL-BE
　　　KOL-BE　38

雑　誌
　　　体験過程流コラージュワーク　44

シャベラー、鈴
　　　フォーカシング・サンガ　72

箱　庭
　　　KOL-BE　38

身の回りにある小さなもの、玩具
　　　ポージング　20
　　　トラスト・ワーク　54
　　　ホッとできる子育て親育ち　114

フォーカシングの流れのなかから

問いかけ
　　　なぞかけフォーカシング　82

クリアリング・ア・スペース
　　　公園のベンチ　16
　　　こころの天気（小学校での実践）　34

セラピスト・フォーカシング
　　　人との関係についてのフォーカシング　76

TAE（Thinking at the Edge）
　　　言葉の種探し　48

FOAT（フォーカシング指向アートセラピー）
　　　アートのことば　42
　　　体験過程流コラージュワーク　44
　　　キャリアデザイン　106

ホールボディ・フォーカシング
　　　グラウンディド・プレゼンス　26

フォーカシング指向関係療法
　　　私・あなた・関係のフェルトセンシング　74

他との交流

アレクサンダー・テクニーク
　　　グラウンディド・プレゼンス　26

インシデント・プロセス
　　　フォーカシング指向PCAGIP　118

NVC（非暴力コミュニケーション）
　　　感情とニーズのポーカー　30

エンカウンター・グループ
　　　フォーカシング・サンガ　72

内　観
　　　内観フォーカシング　94

プロセス指向心理学
　　　悪魔のリスニング・天使のリスニング　58

ポジティブ心理学
　　　ポジティブ心理学とフォーカシングの交差　98
　　　キャリアデザイン　106

マインドフルネス
　　　フォーカシングとマインドフルネス瞑想　24

ヨガ・丹田呼吸法・座禅
　　　からだほぐしとフォーカシング　110

監修者紹介

村山正治（むらやま　しょうじ）
1934年、東京生まれ。1963年、京都大学大学院教育学研究科博士課程修了。教育学博士。
九州大学教授、九州国際大学教授、関西大学客員教授などを経て、現在、東亜大学大学院総合学術研究科臨床心理学専攻教授・専攻主任。九州大学名誉教授。臨床心理士。
フォーカシング研究所認定 Focusing Coordinator
著書に『ロジャースをめぐって』（金剛出版）、『エンカウンターグループとコミュニティ』（ナカニシヤ出版）、『新しい事例検討法PCAGIP入門』共著（創元社）などがある。
翻訳に、ジェンドリン『夢とフォーカシング』（福村出版）、ジェンドリン『フォーカシング』共訳（福村出版）など、監修に『マンガで学ぶフォーカシング入門』（誠信書房）など多数。

編著者紹介

日笠摩子（ひかさ　まこ）
1978年、東京大学文学部卒業。1985年、東京大学大学院教育学研究科博士課程単位取得満期退学。1991年、二松学舎大学専任講師（兼学生相談室カウンセラー）。現在、大正大学人間学部教授。臨床心理士、CC。
著書『セラピストのためのフォーカシング入門』（金剛出版）、『フォーカシング・ワークブック』（日本・精神技術研究所）。翻訳『パーソンセンタードセラピー』パートン、『フォーカシング指向心理療法』ジェンドリン、「解決指向フォーカシング療法」ジェイソン（金剛出版）、「フォーカシングとともに」フリードマン（コスモスライブラリー）他多数。

堀尾直美（ほりお　なおみ）
1984年、日本女子大学家政学部卒業。1992年、日本女子大学文学部卒業。1996年、日本女子大学大学院文学研究科教育学専攻博士課程前期修了。現在、株式会社日本・精神技術研究所フォーカシングコース・個別指導講師。横浜市ファミリーサポートクラスカウンセラー。桜美林大学大学院非常勤講師、東京都立北多摩看護専門学校講師。臨床心理士、TR。
分担執筆『人間性心理学ハンドブック』（創元社）。共訳『解決指向フォーカシング療法』ジェイソン（金剛出版）。

小坂淑子（こさか　よしこ）
2001年、慶応義塾大学経済学部卒業。2005年、慶応義塾大学大学院政策・メディア研究科修士課程修了。2009年、東京成徳大学大学院心理学研究科臨床心理学専攻修士課程修了。現在、東京フォーカシング指向心理療法研究会。臨床心理士。TNT。
分担執筆『新しい事例検討法　PCAGIP入門』（創元社）

高瀬健一（たかせ　けんいち）
1999年、東京理科大学理工学部卒業。2006年、法政大学大学院人間社会研究科臨床心理学専攻修士課程修了。現在、東京フォーカシング指向心理療法研究会。臨床心理士。TNT。
分担執筆『わかりやすい臨床心理学入門』（福村出版）、『人間性心理学ハンドブック』（創元社）。

※フォーカシング研究所認定 Focusing Trainer（TR）につきましてはhttp://www.focusing.org/trainers_search.aspでお調べいただけます。

※本書をご覧になってフォーカシングをさらに知りたい方、体験を深めたい方は、日本フォーカシング協会のウェブサイト〈http://www.focusing.jp/〉、株式会社日本・精神技術研究所のウェブサイトのフォーカシングのページ〈http://www.nsgk.co.jp/service-person/focusing/index.html〉をご参照ください。

執筆者紹介 [執筆順]

〔担当箇所：第X章第Y節第Z項 → X－Y－Z〕
フォーカシング研究所　　　Certifying Coordinator → CC
フォーカシング研究所認定　Focusing Trainer →　　 TR
フォーカシング研究所　　　Trainer in Training →　 TNT

日笠摩子（ひかさ・まこ）　はじめに／1-2／2-1-1,訳／2-1-4,訳／3-1-1／3-1-2／3-1-3／3-1-4／3-3-1／4-2-3,訳／4-2-4,訳
　⇨編著者紹介参照
....

近田輝行（ちかだ・てるゆき）　1-1
　東京女子大学現代教養学部教授　臨床心理士　CC
....

堀尾直美（ほりお・なおみ）　1-2／3-1-1／3-1-3／3-2-2／3-3-2
　⇨編著者紹介参照
....

高瀬健一（たかせ・けんいち）　1-3
　⇨編著者紹介参照
....

佐藤文彦（さとう・ふみひこ）　1-4／5-4
　ボディマインドアートセンター代表　臨床心理士　TR
....

ブレイク, B.　Beatrice Blake　2-1-1
　米国バーモント州在住　エルサルバドルでNVC（非暴力コミュニケーション）とフォーカシングを組み合わせて指導　TR
....

伊達山裕子（だてやま・ゆうこ）　2-1-2
　元小学校教諭　TNT
....

奥井智一朗（おくい・ともいちろう）　2-1-3
　帝京平成大学現代ライフ学部児童学科講師　臨床心理士
....

パールシュタイン, A.　Atsmaout Perlstein Ph.D　2-1-4
　イスラエル・テルアビブで個人・カップル・家族の臨床に取り組む臨床心理士　イスラエル最初のCC
....

カッツ, E.　Etty Katz　2-1-4
　イスラエル在住　ボディセラピーを学んだアーティスト　子どもの認知的困難対処のプログラムの開発者
....

吉澤弘明（よしざわ・ひろあき）　2-1-4
　社会福祉法人昇栄会　児童養護施設ケヤキホーム　心理担当職員　臨床心理士
....

小坂淑子（こさか・よしこ）　2-2-1
　⇨編著者紹介参照
....

矢野キエ（やの・きえ）　2-2-2
　大阪キリスト教短期大学専任講師　臨床心理士　TR
....

長谷賢一（はせ・けんいち）　2-2-3
　名古屋市中川区役所民生子ども課保護係　なごやフォーカサーズ　日本詩人クラブ　就労支援員　産業カウンセラー
....

前田満寿美（まえだ・ますみ）　3-2-1
　桐朋学園女子部門　臨床心理士　TR
....

伊藤三枝子（いとう・みえこ）　3-2-1
　社会福祉法人恩賜財団東京都同胞援護会　臨床心理士　TR
....

髙須賀忠雄（たかすが・ただお）　3-2-2
　「ボディセンス」代表　TR

土江正司（つちえ・しょうじ）　3-2-3
　　心身教育研究所所長　臨床心理士　TR
....
岡村心平（おかむら・しんぺい）　4-1-1 / 4-1-2
　　関西大学大学院心理学研究科博士課程後期課程在籍　臨床心理士
....
河﨑俊博（かわさき・としひろ）　4-1-2
　　関西大学大学院心理学研究科博士課程後期課程在籍　臨床心理士
....
前出経弥（まえで・えみ）　4-1-2
　　メンタルクリニック　クラルス　臨床心理士
....
福田尚法（ふくだ・なおのり）　4-1-3
　　福岡新卒応援ハローワーク　大卒ジョブサポーター
....
田村隆一（たむら・りゅういち）　4-2-1
　　福岡大学人文学部教授　臨床心理士　CC
....
小林孝雄（こばやし・たかお）　4-2-2
　　文教大学人間科学部心理学科准教授　臨床心理士
....
クラングスブルン, J.　Joan Klagsbrun Ph.D　4-2-3
　　米国ボストン在住の心理療法家　レスリー大学大学院臨床精神保健カウンセリング学科所属　CC
....
エルフィー・ヒンターコプフ, E.　Elfie Hinterkopf Ph.D　4-2-4
　　米国テキサス州在住の心理療法家　『いのちとこころとカウンセリング』（金剛出版）著　CC
....
森川友子（もりかわ・ゆうこ）　4-2-4
　　九州産業大学国際文化学部臨床心理学科　博士（学術）臨床心理士　TR
....
土井晶子（どい・あきこ）　5-1
　　神戸学院大学人文学部人間心理学科准教授　博士（人間科学）　臨床心理士　TR
　　MBTI認定ユーザー　日本ラビングプレゼンス協会認定ラビングプレゼンス・コミュニケーター
....
白岩紘子（しらいわ・こうこ）　5-2
　　ホリスティック心理学研究所主宰　臨床心理士　CC
....
石井栄子（いしい・えいこ）　5-3
　　NPO法人乳幼児親子支援研究機構理事長　玉川大学国学院大学非常勤講師　人間学博士（福祉・臨床心理）　TR
....
小山孝子（こやま・たかこ）　5-3
　　NPO法人乳幼児親子支援研究機構副理事長　TR　Child Focusing Trainer
....
オミディアン, P. O.　Patricia Omidian, Ph.D　6-1
　　米国オレゴン州在住（現在）パキスタン・アフガニスタンで長年活躍してきた医療文化人類学者　著書"When Bamboo Bloom: An Anthropologist in Taliban's Afghanistan"（2010）　CC
....
佐藤彩有里（さとう・さゆり）　6-1,訳
　　バルーン・コンサルティング代表　キャリア・カウンセラー　TNT
....
ジェンドリン, E. T.　Eugene T. Gendlin Ph.D.　6-2
　　フォーカシングの創始者　フォーカシング研究所主催　シカゴ大学教授　著書『フォーカシング』（福村出版）『フォーカシング指向心理療法』（金剛出版）他多数
....
久羽　康（くば・やすし）　6-2,訳／イラスト／装丁原画
　　成城大学学生相談室カウンセラー　臨床心理士　TR

|||

	フォーカシングはみんなのもの
	コミュニティが元気になる31の方法
	2013年9月1日　第1版第1刷発行
監修者	村山正治
編著者	日笠摩子・堀尾直美
	小坂淑子・高瀬健一
イラスト・装幀	久羽　康
発行者	矢部敬一
発行所	株式会社 創元社
	http://www.sogensha.co.jp/
	本社 〒541-0047 大阪市中央区淡路町4-3-6
	Tel.06-6231-9010 Fax.06-6233-3111
	東京支店 〒162-0825 東京都新宿区神楽坂4-3 煉瓦塔ビル
	Tel.03-3269-1051
印刷所	亜細亜印刷株式会社

©2013, Printed in Japan ISBN978-4-422-11567-2

落丁・乱丁のときはお取り替えいたします。

JCOPY 〈(社)出版者著作権管理機構 委託出版物〉
本書の無断複写は著作権法上での例外を除き禁じられています。
複写される場合は、そのつど事前に、(社)出版者著作権管理機構
(電話03-3513-6969、FAX03-3513-6979、e-mail: info@jcopy.or.jp)
の許諾を得てください。